Nick Nostitz
ニック・ノスティック
Ono Hiroshi
大野 浩=訳

政治に目覚めたタイ
第2部

赤 vs 黄

Red vs Yellow
Volume2: Thailand's
Political Awakening

めこん

献辞

貴重なアドバイスをいただき、草案に手を入れてくださった
マイケル・ネルソン博士と
ティッティナン・ポンスットティラック博士に。

うるさく文句を言いながら手伝ってくれた
クリス・ベーカーに。

私に記事の発表の場を与えてくれた
素敵なウェブサイト「ニューマンダラ」の
アンドリュー・ウォーカーとニコラス・ファレリーに。

私の仕事を励まし応援してくれた多くの仲間たち、
特にニルマル・ゴーシュ、マーヴァン・マカン－マーカー、
ジョナサン・ヘッド、アラステア・ライトヘッド、
ティーロー・ティエルク、カート・ペルダに。

最後に、タイ治安部隊の友人たちに。
名前は出せないが、
彼らの信頼とアドバイスはこの本でもっとも大切なものだ。

©2009
Nick Nostitz. All right reserved
Original edition published by White Lotus Co., Ltd, Bangkok
G. P. O. Box 1141, Bangkok 10501, Thailand

目次

【地図】●4　　【主要な政治家】●6

はじめに ●7

第 1 章 ❖ 舞台の準備 ●17

第 2 章 ❖ 戦力増強 ●25

第 3 章 ❖ Dデイ：決行の日 ●33

第 4 章 ❖ 道路封鎖、パタヤ崩壊 ●43

第 5 章 ❖ バンコク燃ゆ ●57

第 6 章 ❖ 闘いが過ぎて ●77

第 7 章 ❖ ソンティ暗殺計画 ●83

第 8 章 ❖ 赤の攻勢 ●87

第 9 章 ❖ 新政治党 ●91

第 10 章 ❖ タックシンの誕生日 ●97

第 11 章 ❖ 請願の日 ●103

第 12 章 ❖ 偽情報、醜いエリートの抗争 ●113

第 13 章 ❖ プレアビヒアの賭け、黄色動く ●121

第 14 章 ❖ 社会大衆運動 ●127

あとがき ●137

原註 ●139
【年表】赤と黄から見たタイ政治の動き＊2006年──2014年2月 ●144
訳者あとがき ●157
索引 ●166

● 地図

① 2009年4月9日　ラーマ5世通りとラーチャウィティー通りの交差点の道路封鎖。（43ページ）
② 4月10日　スティサーン通りとウィパーワディー・ランシット通りの交差点の道路封鎖。（46ページ）
③ 4月13日　第2歩兵部隊による掃討が始まる。（59ページ）
④⑤ 第2歩兵部隊と第11歩兵連隊による白昼の掃討。（61～63ページ）
⑥ ペッブリー通りの銃撃。（65ページ）
⑦ 夕刻、ヨムマラート交差点での戦闘。（66～67ページ）
⑧ サパーン・カーオでの戦闘。
⑨ ナーンルーンでの戦闘。（68ページ）
⑩⑪ 封鎖されていないルート（68ページ）
⑫ 赤シャツがタイの報道機関の車両を攻撃。（68～69ページ）
⑬ カオサン通りではソンクラーンを祝っていた。（69ページ）
⑭ ロイヤルホテルでのチャートゥロン・チャーイセーンの会見。（69ページ）

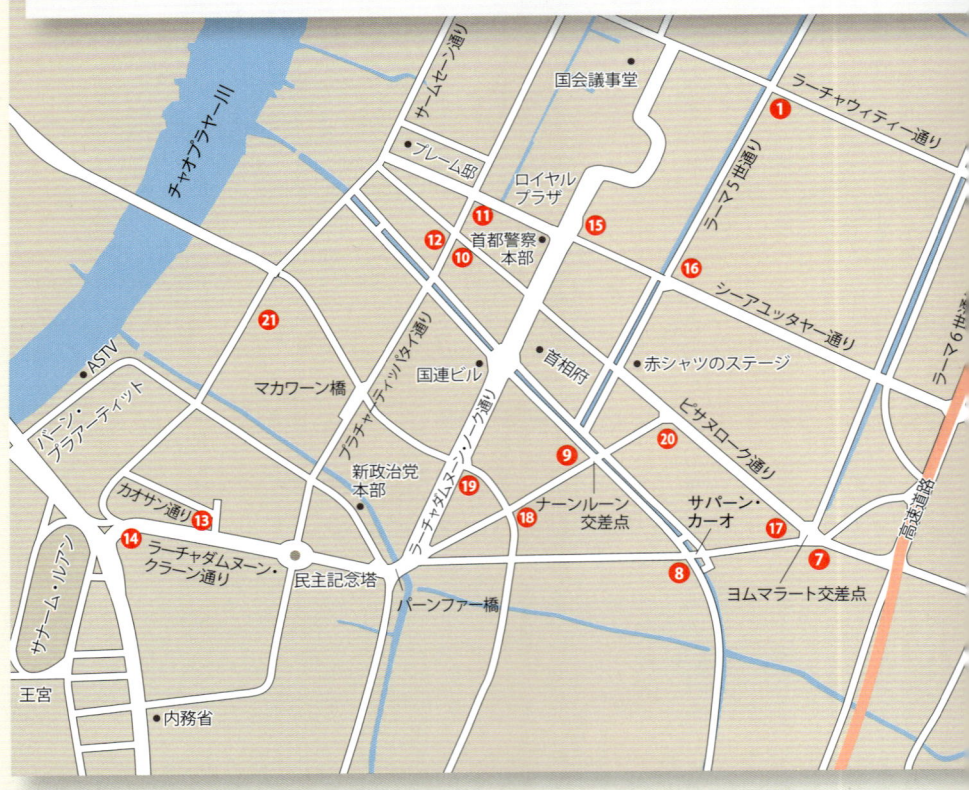

- ⑮ ⑯ 第9歩兵部隊が制圧。　　　（70ページ）
- ⑰ ⑱ ⑲ 第11歩兵連隊が制圧。　　（70ページ）
- ⑳ 4月14日　アピラット・コンソムポーン大佐の分隊がピサヌローク通りからヨムマラートまでを制圧。　　　（72〜73ページ）
- ㉑ 4月17日　ソンティ暗殺未遂事件。
（83〜85ページ）

主要な政治家

【 タックシン・チンナワット 】65歳。第31代タイ首相。■タイ北部チェンマイ県で客家の商家の9人兄弟の第2子として生まれる。警察士官学校を首席卒業後、米国留学。警察在職中、コンピュータのレンタル業を足がかりに通信業界に進出し財を築く。1994年、今では反タックシン派のチャムローン・シームアンに誘われ政界入り。1998年愛国党を結成、2001年総選挙で勝利し、連立政権の首相に就任。2005年選挙で勝利し、単独政権を樹立。しかし、株不正取引疑惑が発展して反タックシン運動が都市の市民に広まり、2006年渡米中に軍事クーデタが勃発、そのまま亡命生活に。★貧困層への福祉経済政策を推進し、農民から強い支持を得て、タブーとされてきたタイの格差社会問題を世論に問うきっかけを作った政治家。しかし、強引な政治姿勢が利権を奪われた旧保守派の反発を招いた。

【 インラック・チンナワット 】47歳。第36代首相（初の女性首相）。■チンナワット家9人兄弟の末っ子として生まれる。チェンマイ大学卒業後米国に留学。帰国後、兄タックシンの通信会社などの社長を務める。タイ貢献党首相候補として立候補した2011年選挙で勝利、首相に就任。しかし2014年憲法裁判所がインラック首相の官僚人事介入を違憲とし失職。★兄タックシンの農村・貧困層への施策を引き継ぎ、最低賃金アップ、米担保融資制度などを実施。しかし、タックシンの復権を目指した恩赦法を強行可決し、反タックシン派や一般市民から反発を受けることになった。

【 プレーム・ティンスーラーノン 】94歳。元陸軍総司令官、第22代首相、枢密院議長。■タイ南部ソンクラー県生まれ。第2次世界大戦中、ビルマに駐屯。戦後米国に留学。1970年代に共産ゲリラ鎮圧に成功、1978年陸軍司令官に昇進。1980年にクリエンサック内閣辞任の際、指名を受け首相に就任。軍の介入を許さない政治姿勢を貫き、選挙を経ないまま1988年まで首相を務めた。国王がその政治姿勢を評価、1998年に枢密院議長に就任、現在に至る。軍に影響力を維持しながら王室を支える王党派の中心人物。

【 アピシット・ウェーチャチワ 】50歳。第35代首相。■英国ニューカッスル生まれ、両親共に医者の家庭。オックスフォード大学首席卒業後、1992年民主党公認を得て立候補当選。2005年民主党党首に就任。2008年ソームチャイ首相の失職に伴う選挙に勝利し、反タックシン派・軍の支持をベースに首相に就任。★タックシン派切り崩しのため貧困層支援に着手したが、目新しい政策は導入できず、貧困層の支持取り付けに失敗する。外交ではプレアビヒア寺院問題でカンボジアと対立。アセアン首脳会議場への赤シャッツデモ隊乱入事件後、軍事力さらには不敬罪の援用による赤シャッツ弾圧を強化するが、王室擁護を盾にした取り締まり策は非民主的との批判を受ける。

【 ソンティ・リムトーンクン 】66歳。ジャーナリスト、新政治党党首。■バンコクの潮州系華僑の家に生まれる。米国、豪州に留学し、1973年帰国後、経済新聞『プーチャットカーン』を創刊、上場企業に育てた。上場が見込まれた未上場株式をタックシンに売却、巨額の利益を与えた。しかし、1997年アジア通貨危機により経営破綻。2001年タックシン政権発足後、ソンティの知人が国営銀行の頭取に就任し、同行はソンティに16億バーツの債権放棄を実施。しかし、頭取が解任されると、ソンティは反タックシンに転じ、その汚職問題を大きく報道した。2009年6月、PAD幹部と新政治党を結党し、同党の党首に就任した。★タックシンの汚職批判の集会を発展させPADの母体を作った人物である。

【 ステープ・トゥアクスバン 】65歳。副首相（治安担当）。■タイ南部スラートターニー県の区長の息子として生まれる。チェンマイ大学卒業後、米国に留学。帰国後1979年、民主党から立候補して当選、1986年に農相で初入閣。しかし農地改革をめぐる不正取引事件で政権崩壊を招く。2008年土地不正取得問題が起こり、当局から返却を命じられている。チュアン政権の運輸通信相を経て、2005年民主党幹事長に就任。2008年の首相選任選挙で軍と協力して民主党政権樹立に成功した。しかし身内の選挙違反により当選無効を命じられるなど問題を起こしている。★2013年11月にPDRC（人民民主改革委員会）を結成し、反タックシン勢力を糾合して政権打倒と総選挙ボイコット運動を活発化させ、2014年軍事クーデタの先導役となった。

【 プラユット・チャンオーチャー 】60歳。陸軍総司令官、第37代首相。■陸軍士官学校卒。シリキット王妃の親衛隊連隊長、王妃の近衛師団司令官を経て、2010年アピシット政権時に陸軍司令官に就任。2014年5月クーデタ決行、インラック政権を倒して、軍事政権を樹立。8月に首相に任命された。2011年インラックの首相就任後、プラユットは、軍は中立を守りクーデタはないと表明していたが、2009年～2010年の赤シャッツデモに厳しい軍事的弾圧を主導した。★陸軍司令官就任後、王党派・反タックシン派と目されていた。2006年クーデタ後の選挙ではタックシン派が勝利したので、今回のクーデタでは、法律・選挙制度など王党派に資する制度改革を進めている。

作成：大野浩＊年齢は2014年当時。写真は柴田直治『バンコク燃ゆ──タックシンと「タイ式」民主主義』（めこん）他より。

はじめに

　2008年、タイ社会を揺るがしたPAD（民主主義市民連合）の首相府と空港の占拠、赤シャツUDD（反独裁民主統一戦線）と黄シャツPADの暴力的な抗争、そして「国民の力党」の解党処分などの一連の事件（詳細は『赤vs黄──タイのアイデンティティ・クライシス』を参照）のあと、タイの社会的混乱は、さらに激しさを増している。社会の政治的対立は根深く、賞賛されることの多かったタイ社会の「一体感」は空しいものとなって久しい。アピシット・ウェーチャーチーワ首相率いる民主党連立内閣は、タイ国民と外国人に対して、政権の任期中に国内政治を正常化させることを約束したが、実現には至っていない。タイ社会は、2006年のクーデタの後遺症にまだ苦しんでいる。

　そして、複雑化した赤シャツと黄シャツの抗争に新しい色が加わってきた。赤色は、タックシン・チンナワットを支持する社会層と、UDD内に組織された民主化活動家グループとが結びついて、なお健在だ。最近は過激な「デーン・サイアム（赤シャム）」などの小グループも加わった。一方、PADは依然として黄色だが、新しく設立した政党のシンボルカラーをライムグリーンとした。

　そして今回、「青色」が登場した。青色は、ネーウィン・チットチョープを事実上のリーダーとする連立内閣パートナーの「タイ名誉党」を母体とするグループである。ネーウィンは、以前タックシンと親密で、タックシンの支持母体であるタイ愛国党（TRT）が解党処分となった際、5年間の政治活動停止処分を受けた人物である。青シャツはネーウィンが率いる単なる武装集団だと思われることが多いが、実際は現政府（訳註：2008年末に成立した民主党アピシット首相が率いる連立政権）を支持する民兵集団で、国粋主義を標榜するスローガン「ポックポーン・サッタバン──サゴップ・サンティ・サーマッキー（王室を守れ─平穏－平和－結束）」とプリントされた青シャツを着て、顔ぶれは異なっているが、これまで3度姿を見せている。バックには、「タイ名誉党」が実権を握る内務省がついている。また枢密院（訳註：国王を補佐する諮問機関。大きな権限を持ち、本来政治的中立が求められる）議長であるプレーム・ティンスーラーノン陸軍総司令官にきわめて近いブーラパー・パヤック（東の虎）派と呼ばれる「青色」部隊も存在する。この部隊を率いるのは、国防大臣のプラウィット・ウォンスワン、陸軍総司令官のアヌポン・パオチンダー、その後任として任命されたプラユッ

ト・チャンオーチャーと彼らの第21歩兵部隊、女王護衛隊、陸軍幹部中枢に大きな影響を与える人的ネットワークである。また、「緑色」部隊もいるが、これは普通、軍のどちらかといえば中立的な（あるいはどの色にも与しない）グループを指して言う。だが、軍隊の中には、多くの下級あるいは中間クラスの兵士だけではなく、タックシン追放時とその後に頻繁に行なわれた政治的な意図による組織替えで昇進のチャンスを逃した幹部クラスにも赤色支持者がいる。ほとんどが主要なポストから外されたとはいえ、軍の親タックシン派はなお存在しているのだ。また、短期間であったが「白色」が登場した。これは政府が中立と平和という見せかけの政策を推進するために組織した活動だったが、全くのピントはずれで、すぐに消えてしまった。

　赤シャツが引き起こした「血のソンクラーン」と呼ばれる2009年4月のソンクラーン暴動は、1992年の「暴虐の5月」の暴動（訳註：1991年2月のクーデタの指導者であった陸軍総司令官スチンダー・クラープラユーンが前言を翻して首相に就任したことに抗議する大規模集会が1992年5月に開催され、首相を支持する軍が集会に発砲、多数の死傷者を出した事件）以来最大の惨事で、本書の重要なテーマであるが、他にも重要なことが起きている。PADは、抗議集団としては幾分おとなしくなり、自分たちの政治計画を進めるためのツールとして新たに「新政治党」（訳註：2009年10月、PADが路上政治から国会へ論戦の場を移すため、PADの指導者ソンティが党首となり設立された政党。議員数は、2013年末2名）を結成し、国会政治への参加を果たした。そこには、民主党連立政権の昔ながらの汚職の習慣を引きずる体質への幻滅が見られる。PADの「新政治党」は、民主党と選挙の支持者層で広く競合することになるだろう。赤シャツは、2009年4月には一時的に敗北したが、すぐに闘いを継続し、むしろ、より強固になった。ソンクラーン暴動以降、ことはもう路上政治の段階ではなく、あいまいとして非常にわかりにくい状況になっているのである。連立政権には常に派閥の抗争があり、民主党の実力者、ステープ・トゥアクスバン副首相とアピシット首相の間の抗争（両者はもちろん否定するが）、汚職やスキャンダル、そして軍が政治に関与して裏で物事を決めているなどという噂や臆測が絶えず流れていた。しかし我々がエリートの抗争や合従連衡について考える場合、噂や臆測以外に基になるものはほとんどない。確証のある事実を入手できない以上、私もこれらの問題について深く追及することはできない。醜いエリートの争いの実例としては、警察庁長官の地位を巡る抗争がある。2009年後半に始まったこのドラ

マは、何幕かの見せ場を経て、2010年8月に幕を下ろした〈訳註：2009年8月、アピシット首相が、PAD幹部ソンティ・リムトーンクンの暗殺未遂事件〈「7. ソンティ暗殺計画」参照〉の捜査に消極的であった当時のパチャラワート・ウォンスワン警察庁長官に不満を持ち、定年を待たずに更送するため国家警察政策委員会〈議長：アピシット首相〉で、後任にプラティープ・タンプラストーを推薦。しかし、他の委員に否決され、アピシット政権の弱体化が露呈した事件。結局、パチャラワート警察庁長官は9月30日の定年まで勤めて退官。後任のプラティープ・タンプラストーは2010年8月まで務めた。パチャラワートはアピシット連立内閣樹立の立役者の1人で、プラウィット国防大臣〈当時〉の実弟でもあり、ステープ副首相などと太い人脈を持ち、軍や政界に強い影響力があった〉。

　軍のクーデタ以降、警察は何度か組織が再編され、タックシン・チンナワットの時代よりも大きく力を殺がれた。警察官出身のタックシン・チンナワットは、警察よりずっと影響力が強かった軍と、長期にわたり軍の後ろ盾となっていたプレーム・ティンスーラーノン陸軍総司令官に対抗するために、警察組織内部に権力基盤を築いていたのである。その結果、路上政治のレベルでは警察官は大きな政治的圧力に晒されることとなり、特に下級クラスから中堅クラスの警察官の赤シャツ支持が目に見えて増加していった。

　その他には、自ら亡命者となることを選んだタックシン・チンナワットの居所、活動、経済投資、複数のパスポートのことなどが常に関心の対象となっていた。タックシンをタイに引き渡して投獄しようというややヒステリックな声明や外交的な動きだけではなく、タックシンと反タックシン派の極秘交渉の噂もあった。彼は英国滞在のビザを失ったが、その理由ははっきりしない。またその背後では、常にタックシンの金に対する捜査が行なわれていた。

　2009年5月22日、いかにもという、ばかばかしい出来事が起きた。タイの日刊紙がタックシンはドイツ発行のパスポートを保有していると報じたところ、ドイツ大使館は急遽これは事実ではないとマスコミ発表したのである。タックシンはこの年のはじめ、ドイツの保守派、キリスト教民主同盟（CDU）の政治家、警察の上層部の一員、そしてフィクサーであり多くのトップレベルのコネクションの人間でもある悪名高いウェルナー・マウスの支援で、短期間、ドイツで過ごしている。ドイツ政府は移民局がタックシンに1年間の居住ビザを発行していたことを確認したが、外務省がタイとの関係悪化を懸念して、5月28日にビザを取り消した。共に国際民主連盟（訳註：1983年設立された、保守主義

で共通認識を持つ政党が加盟し意見交換などを行なうフォーラム。創立メンバーには、英国のサッチャー首相、ドイツのコール首相など保守政党の指導者が含まれている)のメンバーであるタイの民主党と連携するドイツの自由民主党（FDP）の議員が、タックシンへのビザ発給に激怒したのだ。FDPに所属する国会議員ユルゲン・コッペリンは東南アジア地区との関係強化に積極的であるが、彼は自分のウェブサイトに「これはけしからんことで、タイとの良好な関係に影響を与える可能性がある」と書き、議会に調査を求めた。[4] 彼はその前、ソンクラーン暴動について首をひねるようなことを書いている。その意見とは「赤シャツの抗議のきっかけは、アピシット首相が景気浮揚を目的として社会的弱者に対して2000バーツ（40ユーロ）のクーポンを配ることを決めたことである。タックシンはこの決定で自分の支持者が離れてしまうことを恐れたのだ」というものだった。彼は「タックシンは、国王が死亡した時、自分が大統領になるために王制を廃止したいと思っているという印象がますます強くなった」という突飛な臆測を結びとしている。[5]

　不敬罪の適用は、赤シャツのサテライトTV局であるDステーションなど彼らのメディアに対する厳しい弾圧をもたらした。赤シャツのコミュニティ・ラジオ局の送信機の没収、彼らのウェブサイトへの妨害、『プラチャータイ』（訳註：「自由な民」という意味。非営利のオンライン新聞）、『ファー・ディアオ・カン』（訳註：「同じ空」という意味。ネット新聞）など、独立系の反対派メディアに対する数多くの訴訟が行なわれた。報道の自由度を図るWorld press freedom indexのランキングでタイは、2002年139ヵ国中65位であったが、2009年は175ヵ国中130位までランクを下げた。[6] タックシン政権からクーデタ軍事政権、そしてアピシット政権を通じて、政府に批判的な独立系メディアに対してなされた弾圧は、メディアの自由度の高さで地域内での高い評価を得ていたタイの点数を著しく下げている。クーデタで成立した政権により導入された厳しい「サイバー犯罪法」は、反政府支持者を威嚇し、非常に異論の多いいくつかの訴訟となった。たとえば、警察は2009年3月9日に『プラチャータイ』の代表理事であるチーラヌット・プレームチャイポーンの事務所に捜索に入り、サイバー犯罪法に基づき、プラチャータイのウェブサイトが、当局が王室を侮辱していると指摘したコメントを直ちに削除しなかったことを理由に、彼女を起訴した。当局は、不敬罪の告発が国際メディアの批判的な報道を招くことを避け、サイバー犯罪法により彼女を起訴する方法を選んだのだろう。[7] 彼女は同日、保釈と

なった。このニュースが報道された後、マスコミから厳しく叩かれたアピシット首相は、この訴訟は私のポリシーに反するものだと語った。にもかかわらず裁判は続き、チーラヌットは全部で10件、最高50年の懲役の判決を受ける。良識ある新聞として定評の『マティチョン』の週刊版の共同創設者で編集者のサティアン・チャンティマートーンと日刊版の編集者チュラーラック・プークートは解雇された。解雇の理由は、2人がこの問題について『マティチョン』のCEOに釘をさされた後も、政府に対しては批判的で赤シャツとタックシン・チンナワットを支持するような記事を書き続けたことだと言われている。他の政府に批判的な『マティチョン』のコラムニストにも大きな圧力がかかった。『マティチョン』にコラムを書いていたある政府の役人が突然仕事上の査察を受けたが、彼が大切にしてきたコラムを続けることを諦めた途端に査察は終了し、すぐに昇進の見返りを受けた、ということが実際に起きている。[8]政府がオーナーとして運営しているMCOTラジオ局のラジオ番組司会者チョーム・ペットプラダップは、政府のメディア政策と政府所管のメディア監視を受け持つ首相府相サーティット・ウォンノントゥーイが番組プログラムを問題視して査察を指示したあと、タックシンとのインタビューをオンエアーしたことで、辞職を迫られた。[9]タイ最大の出版社であるアマリン出版社のナーイ・イン賞受賞作家ワット・ワンラヤーンクーンは、赤シャツ寄りの立場を理由に、同賞選考委員会メンバーの辞任を強いられた。[10]

2009年5月1日に行なわれた新しい国家人権委員会（National Human Rights Commission：以下、NHRC）の委員選考においてもさらに問題が起きた。上院（2006年のクーデタ後に新憲法が定められて以来、上院の一部議員が任命制となった）により選ばれた委員は7人のうち1人だけが人権問題に携わってきた経験があるだけで、大半は人権問題の委員にふさわしくないと糾弾されたのである。アジア人権委員会（訳註：香港ベースの人権NGO）はNHRCの委員候補とその選考過程に対して抗議する3通の公開質問状を出したあと、NHRCを「非人権組織」と呼び、「世界の人権団体コミュニティから追放するしか方法はない」と非常に厳しい表現で退会を迫った。[11]

2009年1月、ロヒンギャ難民問題が表面化した時、アピシット政権下で起きた人権侵害においても同じ問題が浮上する。この場合、問題となったのは国内治安維持作戦司令部（Secret Internal Security Operations Command：以下ISOC。訳註：タイ国内の安全保障問題を専門に担当するタイ国軍の1部門）の対応だっ[12]

た。ボートでミャンマーを脱出してマレーシアに行こうとした無国籍のイスラム系少数民族ロヒンギャの難民は、抑留されたあと、十分な食料と水も与えられないまま曳航されて大海に放置されたのである[13]。ロヒンギャ作戦を担当した将校、マナット・コンペン大佐はISOC第4管区の指揮官で、2004年4月32名のイスラム分離主義者が治安部隊によってモスクに幽閉され射殺された「クルゼモスク虐殺事件」に関与していた。漂流させられたロヒンギャ難民は数百人が死亡したものと思われる。プーケットの小さなウェブサイト「プーケット・ワン」がこの事件を報道し[14]、直ちにより大きなネットワークがこの問題を取り上げた。極秘であったロヒンギャ難民「追放」作戦は、サマック・スントラウェート政権時代（訳註：2007年12月の総選挙でタックシン派の「国民の力党」が連立政権を樹立。党首のサマックが2008年1月首相に就任した。しかし、PADの倒閣デモへの対応への不手際、自身のTV料理番組出演問題で、2008年9月首相辞任を余儀なくされた）に既に方針としてあったのである。しかし、アピシット政府はこの指摘を否定し、BBCなどの外国メディアは誤った報道をしていると非難した。アピシットは、CNNのインタビューで[15]「過去に悔やまれる事件があった」とは述べたが、問題の点については認めることを拒んだ。彼は事件について調査することを約束したが、内部調査では当然のようにすべての関与者が責任なしとなり、第三者による独立した調査は実施されなかった。もう1つの社会的関心を集めた事件――2004年10月、85名が死亡した「タクバイ事件」の作戦の責任を問われた軍将校は、2009年5月30日の裁判で全員無罪とされた。この作戦では1292名のデモ隊が拘束され、トラックに詰め込まれて拘置所まで移動する間、78名が窒息死している[16]。

　アジア人権委員会の年次レポートで、アジア地区の責任者ブラッド・アダムスは、「2009年、アピシット首相は人権について時に正しいことを述べたが、行動はその言葉に一致していなかった。政府は相も変わらずタイにおける人権の尊重と法律の定める手続きを侵害している」と述べている[17]。

　さて、王室の問題である。この最もセンシティブな存在をどのようにとらえるかということが、いよいよタイの社会的政治的な危機における核心的な問題となってきた。タイにおける将来の王室の役割についての考え方には、2つの立場がある。1つは黄シャツが支持している立場で、政治やタイの人々の日常生活の多くの場面において王室の役割は拡大していくと見る。もう1つは赤シャツが支持する全く反対の立場で、現在まで続いているヨーロッパの王室や

最近注目されている日本の皇室のように、王室の役割を純粋に憲法で規定して儀式や象徴としての役割に留めるという考えである。特に王室の継承問題へのアプローチなどは、議論の余地は限られているものの、常に中心的テーマとなる。社会全体としてはこの問題をオープンに議論する場はまだほとんどないが、個人的なレベルでは２〜３年前では考えられないほど多く議論されるようになった。

　こうした状況は、タイの政治を報道する者の立場を大変難しくさせる。どうすれば我々は知的誠実さを最小限度維持しながらコマーシャルベースの報道を続けることができるのか？　我々がこの問題を深く考える時、主要な障壁が３つある。

　第１の問題は、不敬罪による告発である[18]。王室の意向を批判もしくは推論することは、この法律に抵触する。熱狂的な王室派は、有罪判決は出なくても告発されればそれで有罪だと考えるのだから、そういう意味では、単なる告発であっても裁判であっても当事者には身体的な危険、仕事の上での危機を意味する。本人だけでなく、家族までもが暴力の危険にさらされることになる。たとえば、タイ国外国人記者クラブ（FCCT）の不敬罪で告発された役員メンバーの画像を公開すべきだとインターネットのフォーラムで要求が出されたが、画像を出せば、彼らは路上で襲われるかもしれない。

　２番目の問題は、王室一族の透明性と事実に基づいた情報の欠如である。王室を理想化した記事以外、入手できる情報はほとんどない。王室へのインタビューは一般的に不可能で、許されたとしても10年に１回程度である。王宮周辺に住んでいる住民に対するインタビューすら難しい。つまり、我々は事実を十分知らされていないので、噂や推論に頼らざるを得なくなる。これでは当然、事実を積み重ねた記述にはならない。ポール・M・ハンドリー（訳註：米国のジャーナリスト）が書いた *The King Never Smiles* は画期的な仕事であるが[19]、ハンドリー自身が認めているように、これは王室問題を考えるための調査の第一歩に過ぎず、王宮を直接取材するルートがなかったため大変な苦労をしている。ハンドリーがタイに戻ったら逮捕されることは明白であった。彼の本は、公式には何もコメントされることはなかったが、タイ社会に大きな影響を及ぼした。大勢のタイ人がオリジナル版のコピーを近隣の国で購入したが、タイ語の翻訳版も地下で入手可能だった。地下のネットから個人的にダウンロードしたコピー以外に、何万ものタイ語版のコピーがPDFやプリントアウトの形で

バンコクや近隣の県で流通したと聞いた。

　3番目の、おそらくもっとも重要な問題は、王室の話題自体が非常にセンシティブだということである。王室は多くの点でタイ人のアイデンティティの中心にあり、王室に関する議論は政治問題を超え、信仰の域まで及ぶ。国王は大多数のタイ人に深く敬愛されている。多くのウルトラ王室支持派は、国王が神に近い存在で、悟りに向かう最終段階にある方であると強く信じている。彼らにとって赤シャツが描く将来の構図は、非合法ではないが、耐え難い侮辱なのだ。不用意な言動は彼らの感情を高ぶらせ、命を落とすことにもなりかねない。1976年10月6日タムマサート大学で多数の学生が虐殺されたのは、学生が反王室だという非難の声があがったのがきっかけで極右組織が彼らを襲撃したのであり、これは根拠のない危惧ではない（訳註：「1976年10月6日の大虐殺」は1973年から始まった民主政治に終止符を打った事件。タムマサート大学で演じられた大学生の寸劇が王室への不敬罪にあたるとのデマを流して憎悪を煽り、右翼団体、警察が同大学包囲し学内に突入、多数の学生・活動家を殺害した。その後、軍がクーデタを起こし王室側近の法律家ターニン・クライウィチエンが首相に指名された）。現在起こっている紛争では、PADだけでなく連立政権の重要人物までもが、赤シャツを「反王室派」とか「王制に圧力をかけている」と表現する傾向が見られる。人の命が失われる要因をもたらすのは、もちろん、作家、報道記者、研究者の意図するところではない。

　だが、基礎的な情報にアクセスすることもできないのに、我々はどうやって事態を分析すればいいのか。タイでは共和政体論や王室批判論が増えたようだと書くことさえ、法的に許されるラインを越えることになる。統計は当然ながら利用できず、この問題の報道はただエピソードを連ねたものにしかならない。批判的な意味のことを書いたりしゃべったりした人は、襲撃されるか法の追及（あるいはその両方）を受けることになり、闘争の過激化に手を貸すことになるが、この結末は我々の分析やレポートの目的とするところではない。今起きている対立について書こうとする者はだれでも、何が起こっているのかを知りたいという社会の要求と今にも壊れそうな現在の状況をこれ以上悪化させたくないという強い責任感の間で、非常に難しい立場に立たされることになる。結局のところ、今後の王室の役割について異なった立場を調整して和解させ、自分たちの社会の発展に適合し、またグローバルコミュニティの中でのタイの立場にもふさわしい新たな社会契約を結ぶという解決方法を見出さなければならな

いのは、タイ人自身である。しかし我々はなお、知り得た（あるいは知り得たと信じている）ことのほんの一部しか書けないという困難な状況にさらされ、多くの知るべきことを調べることもできず、それでもなお自分たちの職業に忠実で、公正に正直に伝えるという道を探さなければならない。

　タイでは以前とは異なり、外国人が書いた記事はすべて、あらゆるグループのタイ人が綿密にチェックを行なっている。以前は外国人の記事がタイ人の生活に影響を与えることはほとんどなかったが、いまや我々外国人記者は対立の中心にまで引きずりこまれているのである。[21] 一方では、外国人記者に対する外国人嫌い（ゼノフォービア）が増え、我々はタイを理解していないと非難される（書いたとしても、美辞麗句を並べ立て、タイ人が外国人にこう見てほしいと願っているという姿に仕立て上げるだけだということになる）。たとえば、熱狂的なPADシンパのウェブフォーラム「リアル」は、私の『赤vs黄』第1部について、「本当の」タイ人は外国人の書いた本を読むべきではないと述べている。我々はいつも、タックシンから賄賂を受け取っていると非難されるのである。[22] もう一方のサイドからは、我々の記事は、我々自身の予想以上に、タイ人が今まで自由に書くことができなかった真実を含んでいると認められているということが、さまざまな形で伝わってきて、力づけられる。赤シャツ支持者はしばしば我々外国人記者に近寄ってきて「援助」を請うが、メディアというのは第一義的に情報の伝達者であり、政治的抗争の中でどちらか一方を支持するものではなく、できる限り公平に事実に基づいて報道するだけだということを説明してわかってもらうのはなかなか難しい。

　我々の立場は地雷原を歩くようなもので、とても難しい。念には念を入れて調べた上で書き、公表される一語一句を事前に吟味する必要がある。しかし、許された範囲の中にいて、単純に情報を伝えるだけでは、ある出来事をきちんと描くということはだんだん困難になってきており、時にはほとんど不可能である。

　そこで私はできる限り路上政治に密着していきたいと考えている。路上政治は、私が実際に現場経験を持ち、赤シャツと黄シャツの両方、治安部隊など、いろいろな情報源に直接アクセスすることができる。だから、真実、幾分か真実、噂、誤った情報などのジャングルの中を私は上手に動き回ることができる。複雑怪奇なエリートの抗争を解読するのは、タイのエリート社会に人脈を持ち、彼らを正しく理解するために必要な学問的素養のあるリサーチャーに任せるこ

とにしたい。それに私は、タイ社会を分析する上で、従来無視され続けた底辺からの視点がきわめて重要であると考えている。タイの政治は、もはや一部エリートだけが関与である領域ではなく、一般大衆の考え方や希望に強く影響を受けるものになっているのである。

第1章
舞台の準備

　新政府(訳註：2008年12月、与党であったタックシン派の「国民の力党」が憲法違反により解党。反タックシン派が民主党のアピシットを首相として誕生させた政府)に批判的な人が「サイレント・クーデタ[1]」と呼び、新政府支持者は「正常な国会の活動」と言ったあの出来事(訳註：PADによる2008年11月～12月のスワンナプーム国際空港占拠のこと)のあと、2009年1月14日、アピシット新首相は、インターコンチネンタルホテルで開催されたタイ国外国人記者クラブ(Foreign Correspondents Club of Thailand：FCCT)の年次総会に招待され、FCCTの会員の前で挨拶を行なって、彼が率いる連立政府(訳註：民主党を軸とし、国家貢献党、タイ国民発展党〈旧タイ国民党〉、国家威信党〈旧中道主義党〉、団結国家開発党、民主党支持に転向した国民の力党のネーウィン派の6つの団体による連立政権)がタイの政治を正常化させ、法による秩序を回復させると強調した。この時、ホテルの正面入り口には赤シャツが数名集まっており、彼らと顔を合わせることを避けたアピシットと側近は、ホテルの厨房を通って会場に入ることを余儀なくされた。
　アピシットは、首相の座に就くため軍との間で裏取引をしたのではないか、

2009年1月14日、アピシット新首相はインターコンチネンタルホテルで開催されたタイ国外国人記者クラブに招待されて挨拶をした。

アピシットは赤シャツ派のデモ隊に顔を合わせることを避けて、ホテルの厨房から会場に入った。

彼自身および民主党とPADの関係を利用したのではないかと疑われた。彼がPAD、軍、そして「票を金で買うことで最も名高い」元タックシン派のネーウィン・チットチョープとの間で「悪魔の取引」を行なったという疑惑は膨らんだ。実際、ネーウィンの影響下にある37名の国会議員は、解党処分となった政府与党の「国民の力党」の連立パートナーであった「中道主義党」のメンバーと共に新たに「タイ名誉党」に参画し、内務省、運輸省など最もおいしい内閣のポストを獲得したのである。

　民主党カシット・ピロムの外務大臣就任は、PADのステージで見せた彼のパフォーマンスを考えると非常に問題がある。彼はPADのステージでプレアビヒア寺院問題に関してカンボジアのフン・セン首相を攻撃し侮辱したのである（PADは、1962年の国際司法裁判所の判決でカンボジアに帰属することが認められたこの寺院をタイに返すよう要求している）。2008年の空港占拠時に彼がどんな役割を果たしたのかは、彼自身がPADのステージに登場して発したコメントでみんなが知るようになった。彼は「空港占拠は楽しかった。食事は最高、音楽も最高」と言ったのである。アピシットは、カシットの発言は外務大臣就任前であり、誤って報じられていると述べ、新外務大臣を擁護した。

　この争いで軍がどちらの側を支持するかは、もちろんはっきりとは見えず、けっして答えも得られないが、問題の中心にあることは確かだ。陸軍総司令官

アヌポン・パオチンダーは、政府から指示があれば、「社会の対立をやわらげる」ために、赤シャツの本拠地イサーン（訳註：東北タイの一般的な呼称）に兵を送るだろうと言明した。2009年2月、赤シャツリーダーのナタウッド・サイグゥアは、彼のもとにもたらされた秘密文書をもとに、村落部への赤シャツの影響を排除するために軍は20億バーツの資金を秘密裏に用意したと批判した。軍は無論これを否定し、その文書はおそらく、国王の「足るを知る経済」（国王が1997年に提唱した理念。グローバル化にふりまわされることなく農業を重視する経済運営をめざし、クーデタ後の第10次5カ年開発計画の中心概念に据えられた）の考え方に沿って村で行なうトレーニング・プログラムのことを言っているのではないかと述べた。タイの軍隊になおも大きな影響力を持ち、2006年のクーデタを画策したとして赤シャツから非難を受けている枢密院議長プレーム・ティンスーラーノンは、新年の挨拶にシー・サオ・テウェートの自宅を訪れたアピシットと閣僚メンバーに対して、「アピシットが首相に任命されたことは喜ばしい」と述べた。

　2009年最初の数ヵ月間、アピシットと政府の支援を受けた学識者たちは海外で講演をして回り、タイの新政府への信頼を確立しようとした。アピシットは和解と民主主義の首相を演じたのである。彼の行なった海外での講演は、FCCT総会の講演とほとんど同じ内容だったが、PADの中での民主党の役割やPADが空港を占拠した時に民主党がしたことについては全く触れなかった。しかし、実際には、民主党の下院議員ソムキアット・ポンパイブーンは同時にPADの中心的指導者であり、当時民主党のシャドー・キャビネットの外務大臣だったカシット・ピロムは空港占拠時にPADのステージでしゃべっているのである。

　アピシットがオックスフォード大学で演説した時には、会場の赤シャツ支持者たちからさえ喝采を受けた。オックスフォード流の洗練されたその語り口と、民主党および民主党系上院議員、民主党系学識者の国際的な交流により築かれた精密なネットワークのおかげで、少なくとも最初の四半期、つまりソンクラーン暴動までは、聴衆の反応は上々だった。しかしソンクラーン暴動により、多くの外国記者は、政府のタイ社会の安定と和解を実現する能力に対して疑問を持つこととなった。一方、タックシン陣営も外交能力がまったく欠如していることを露呈して、海外の観衆に自分たちのことをわかってもらうことがきわめて困難になった。赤シャツが海外メディアと良い関係が築けないのも、この政

治的なコミュニケーション能力の欠如のせいである（多くの赤シャツ指導者の語学力のレベルが低いことは言うまでもない）。もちろんタックシンも独裁政権時代に起きた人権侵害のせいで必ずしも西欧のリベラルな民主主義者に好かれているわけではない。しかし、タイ在住の支持者に対して、タックシンは見事なまでに効果的な対話を行なった。彼は聴衆の反応に合わせて巧みに語り口を変化させ、最も彼らの心をつかむような知識を披瀝した。村の集会では田舎風に入って、村人に受けるジョークを飛ばし、彼らの貧しさや苦しみについて話した。大きな都市の集会では政治家の顔になり、民主主義について語った。進歩的なグループの抗議集会にフォーンイン（電話参加）する時には、貧富の格差とタイ社会に残る封建主義のことを強調した。

　アピシットの外部世界とのコミュニケーション能力は、タイの一般大衆の大多数、特に東北部や北部の人々との間では生かされることができず、これらの層に彼の政策を売り込むことに失敗した。裏目に出た政策の典型的な例は、月収1万5000バーツ未満の人に対して一時金2000バーツを支給するという人気取り政策である。これは、経済を刺激し、アピシット政権が貧困層に対して配慮しているということを示すための方策であった。しかし、社会保険番号により貧困者の認定を行なったため、小規模農家、タクシー運転手、市場の屋台の物売り、農業や違法すれすれの工場の日雇いなど、本当の貧困層の人々はそこから漏れてしまったのである。アピシットがタイ愛国党政権時代の貧困層向け政策の多くを継続させると発表した時、貧困層の人々は、彼がタックシンを真似ただけで、新しく考えたものはなにもないということがわかっていたのである。

　こうしたことに加えて、アピシットは依然PADと緊密な関係にあった。2009年2月17日、National Outstanding Mother Award for Social Sacrifice and Contributionの受賞者であるPADの有力メンバーのアーロム・ミーチャイ先生がガンで亡くなった時、彼は、民主党の主要メンバー数人を連れて葬儀に参列した。[10] まだ野党の党首だった時、アピシットは、2008年10月7日のPADと警察の衝突で亡くなった2名のPADのデモ参加者の葬儀に両方とも参列している。[11] タイの文化とその複雑な「親分・子分関係」のネットワークの中で、人と人のコミュニケーションはきわめて微妙に入り組んでいるが、葬儀は、他の場面では見えにくい社会的関係が見えてくるということで重要な意味を持つ社会的イベントなのである。葬儀は単に死者を悼むイベントではなく、地位と

面子、連携と対立の手の込んだ芝居を見る機会となる。村レベルではそれがはっきりしており、死者の一族の評判や面子は来賓者の人数で測られる。しかし、その微妙さが最高度に達するような高いレベルのタイ社会においては、なおのことそれがあてはまり、したがって葬儀の政治的重要性もまた高くなる。

政治的な重要性を示した葬儀の良い例は、軍事クーデタ直後、抗議の自決を敢行し赤シャツ最初の殉教者となったタクシー運転手のヌワムトーン・プライワンである。当時、クーデタへの抵抗グループを率いるリーダーとして名前が出てくるのはあまり知られていない人たちだったが、葬儀にはウィーラ・ムシッカポン、ウエーン・トーチラーカーン博士、プラティープ・ウンソンタム・秦など、UDD、赤シャツのほとんどすべての指導者が参列した。葬儀の政治的な重要性をよく知る軍は代表団を葬儀に参列させたが、彼らはあからさまな敵意で迎えられた。

アピシットとPADと関係をより明確に示した例は、タイ‐アセアン・ニュースネットワーク（TAN）のオープニングパーティへの出席であろう。TANはソンティ・リムトーンクン（訳註：1970年代からマスコミで地歩を築く。月刊誌『プーチャットカーン』を創刊。かつてはタックシン支持だったが、2005年から反タックシン運動の先鋒になる）所有のASTVの英語のニュースネットワークで、PADのニュースチャンネルであり、また宣伝の武器でもあった。アピシットは、ASTVの新しいプログラム「マネージャー・デイリー」の発表会にも出席していた。

2008年12月30日、アピシットが国会の政策演説で国家安全保障問題として王制の維持を訴えたのに続いて、彼の言う4つの統治原則のうちの最重要課題として、不敬罪の審査の迅速化と多くの新たな告発が行なわれた。2009年1月、チェンマイに政府と軍そして情報局が集まって行なわれた王制維持のための極秘会議のあと不敬罪の適用が急増したが、それは会議に参加した者が私に言ったように政府の武器となったのである。アピシットは海外メディアとのインタビューで何度か、不敬罪の過度の適用は抑制しなくてはならないと述べたが、この点に関してはまったく中身が伴わなかった。そのかわり、2009年5月17日にタイ軍人クラブでアピシット自身が主宰したセレモニーにおいて、ピーラパン・サーリーラッタウィパーク法務大臣が「正義防衛隊」と名付けられた組織の計画をぶちあげた時、アピシットは第1番目の隊員として登録した。この組織は、15歳以上の一般市民を汚職や不敬罪に関する情報を当局に通報するスパイとして訓練することを目的とすると言明している。当面の目標はバ

ンコクで5万人を登録することで、その後国全体に広めていく計画だという。[13]タイには、ポー・テック・トゥン（報徳堂）やルアム・カタンユー（義徳善堂）のように基金に基づいた緊急医療サービス（EMS）のボランティア団体、タムルアット・チュムチョンやポー・ロー・ボーのような一種の警察組織からチョー・ロー・ボーのような村の自衛組織まで、無数のボランティア組織が活動している。ほとんどのボランティア組織は、程度の差はあるものの、権力と汚職の温床として批判されているが、一般市民が自らのコミュニティに対して少なからず責任を果たしているということで、重要な機能を果たしていることは疑いない。未成年者をスパイとして使うおそれが十分あるという問題に加えて、[14]法務省が作り上げたこの計画は、政府とこれをぶちあげた法務大臣が激しい政治闘争の一方の側にいるのだという意味で、きわめて政治的な文脈の中にある。この計画が反政府グループとの闘いの一部に組み込まれているのは明らかである。

不敬罪に関する幾つかの事件が国際ニュースとして報道された。チュラーロンコーン大学政治学科のチャイ・ウンパーコーン准教授は、軍事クーデタ後に出版した *A Coup for the Rich* という本の一部のため不敬罪で告発され、[15]赤シャツの政治活動に加わった直後、タイから英国に逃れた。私は、

【上】1月20日、チャイ・ウンパーコーン准教授は不敬罪に問われて警察の尋問を受けた。
【下】1月31日、チャイ・ウンパーコーン（右）は正式に赤シャツ派の活動に加わり、リーダーのチャカラポップ・ペンケー（左）に迎えられる。

赤シャツのステージでサマック政権時の大臣で赤シャツの指導者であるチャカラポップ・ペンケーと彼が、敬意を表すタイ式の儀礼である「ワイ」を交わしているところを写真に収めた。チャカラポップ・ペンケーも2007年8月のクーデタ政権時にFCCTでタイの「親分・子分関係」について語ったスピーチのため不敬罪で告発されていたが、2009年4月のソンクラーン暴動の間に海外に逃れ、行く先は明らかにされていない。2009年4月3日、スウィチャー・ターコーは、不敬罪とサイバー犯罪法の2つの罪でそれぞれ禁固10年の判決が言い渡されたが、本人が罪を認めたため禁固10年に減刑された。ブンユーン・プラスットインは、2008年11月、禁固6年の判決が言い渡されたが、これも罪を認めたことで禁固12年から減刑されたものであった（控訴審においてさらに2年まで短縮された）。2009年8月28日、「ダ・トーピード」の別名で知られているダルニー・チョートプラシットサクン女史は、3つの不敬罪で告発されていたが、「悔恨の念」を示さず、謝罪もしなかったので、減刑されず、禁固18年の刑を言い渡された。彼女は2008年半ばにサナーム・ルアンの小さなステージでのスピーチが原因で逮捕されている。裁判は非公開でメディアも排除するという、問題の多いやりかたで行なわれた。アムネスティ・インターナショナルはこの裁判を非難し、タイ当局に、現状では公正な審理が行なわれない恐れがあるから、「直ちに裁判を公開するよう」求めた。しかしタイ政府はアムネスティの要求を無視した。ダルニーは上訴した。

　BBCの通信員だったジョナサン・ヘッドは、3つのケースで不敬罪に問われた（彼に対する1つの訴訟は既に取り下げられた。残る2つの訴訟も取り下げられると思われる）。ジョナサンは既にタイを離れ、BBCのローテーションで現在トルコの通信員となっている。

　2009年の不敬罪による訴訟は164件で最高記録だった。2番目はクーデタ直後に組閣されたスラユット・チュラーノン政権時の2006年で、126件だった。2008年は77件となっている。クーデタ前の2005年は33件、2004年は5件であった。大半の訴訟はメディアで報道されないので、詳細は不明である。また外国人が不敬罪で有罪となった場合は、判決後、恩赦により速やかに国外退去となる。一方、最近判決を受けた名の知れたタイ人たちは恩赦で刑期が短縮されることはなく、あっても長期間の手続きを要している。

　2009年7月、ラクサナー・コンシラパ女史がFCCT（タイ国外国人記者クラブ）の役員を不敬罪で告発したが、これこそもっとも馬鹿馬鹿しい不敬罪の乱用で

ある。軍事クーデタ以降、何人かの言論人が告発された。大物は前首相府相で赤シャツ指導者のチャカラポップ・ペンケーやBBCの通信員ジョナサン・ヘッドだったが、この嫌がらせが頂点に達したのがラクサナー・コンシラパによる告発だった。FCCTのパネルには赤シャツよりも民主党や政府のメンバーのほうが多かったこと。そしてFCCTはどちらの方にも自分たちの立場を明らかにする機会を与えるためにオープンな議論の場となりたいというのがポリシーだから、PADのリーダーを何度も招いたのに、彼らのほうが出席を嫌ってきたということ。こうした事実を無視して、FCCTは赤シャツにばかり活動の場を提供していると非難したのだ。ラクサナー・コンシラパはプレスリリースで自分を「インフォメーション・スペシャリスト」と呼び、現在は「(映像や文章による情報を通して正しくまた歪んだ認知、理解と誤解を形成する)視覚化について博士論文を書くための調査を行なっている」と述べている(訳註：ラクサナー・コンシラパの言っていることが支離滅裂だということを示すために彼女の述べている言葉をそのまま引用しているのだろう。以下も同じ)。「明らかになった糾弾すべき事実には、チャカラポップ・ペンケーと彼の取り巻きはタイの法律の下では文字通り"犯罪者の売春宿"つまり裁判官の定義では"陰謀者の巣窟"と指摘されるようなやり方で、タイ国外国人記者クラブの役員と共謀を図ったという事実が含まれている」[19]。しかし、彼女の家族が枢密院議員とターニン元首相(ターニン内閣は、1976年10月6日の大虐殺の後、左翼の人々を暴力的に弾圧したことで悪名高い)に近い関係にあると報じられ、彼女自身もPADメンバーでもあるにもかかわらず、彼女の訴訟が支持を得られる可能性はきわめて低い。最初は威勢が良かったが、議論の対象にもなっておらず、いずれ消え去るものと思われる。

第2章
戦力増強

　2008年12月2日、与党の「国民の力党」(PPP)と連立パートナーの「タイ国民党」、「中道主義党」は、憲法裁判所により解党処分を受けた。この解党により辞任した国会議員29議席を巡る補欠選挙が2009年1月11日に行なわれた。結果は、29議席のうち13議席を保有していた国民の力党の後継党である「タイ貢献党」は、9議席しか獲得できなかった。一方、タイ国民党の後継党である「タイ国民発展党」と「タイ名誉党」を含めた連立政権は、20議席を獲得し、国会において過半数を占めるまで増加した。多くの評論家はこの補欠選挙が新しく誕生した連立政権へのテストになると見ており、その結果はタックシン支持の衰退と国情正常化への回帰を示すものと考えた。

　アピシット・ウェーチャーチーワが首相になって以来、赤シャツ運動家はアピシットや与党の重要メンバーにまとわりついて、彼らが公共の場に現れるところには必ず顔を出し、機会があれば生タマゴを投げつけるのが流行りのようになった。その後、2009年3月14日にパトゥムターニーで赤シャツ運動家がいわゆるピンポン爆弾（訳註：プラスチックのケースに花火の火薬などを詰めた手製の爆弾）をステープ・トゥアクスバン副首相の車列に投げつけ、1人のカメラマンが負傷しているなど、もう少し過激な暴力事件も起きている。

　2009年1月24日、PADの指導者でサンティ・アソーク（訳註：1973年に創設された上座仏教系の団体。都市中間層に信徒が多く、消費社会から距離を置いた精神修行を重視し、自給自足的なコミューン生活の場も提供している。チャムローンのバンコク都知事選挙の応援、反タックシン運動など政治活動も組織的に行なっている）の設立メンバーのチャムローン・シームアンがチェンマイのサンティ・アソークの僧院を訪問するという噂が流れた時には、約150名の赤シャツ運動家が警察の防衛ラインを突破してここに押しかけた。

　赤シャツはさらに抗議活動を続ける。2009年の最初の大規模集会は1月31

1月31日、赤シャツ派のデモ隊は速いテンポのイサーン・ミュージックに合わせて踊りながら首相府に向かった。

日だった。サナーム・ルアンで集合した後、彼らは夜10時より首相府への行進を開始。すぐにマカーワン橋付近の最初の警察の防衛ラインに到達した。赤シャツが鉄条網を取り外し、行く手を遮る自動車を排除した時も、警察部隊は阻止しようとはしなかった。次のバリケードは、赤シャツの首相府への進路にある交差点に築かれた警察と軍の混成部隊の隊列であった。警察隊は退却したが、軍の兵士は押し返してきた。催涙ガスが発射され、私は兵士によって有刺鉄線に押し付けられた。幸いにも私はたいていのタイ人兵士より体格が良いので、彼らを押し戻して、有刺鉄線で怪我をすることはなかった。赤シャツはたちまち兵士たちの列を突破したが、さほど激しい暴力はなかった。1人の兵士

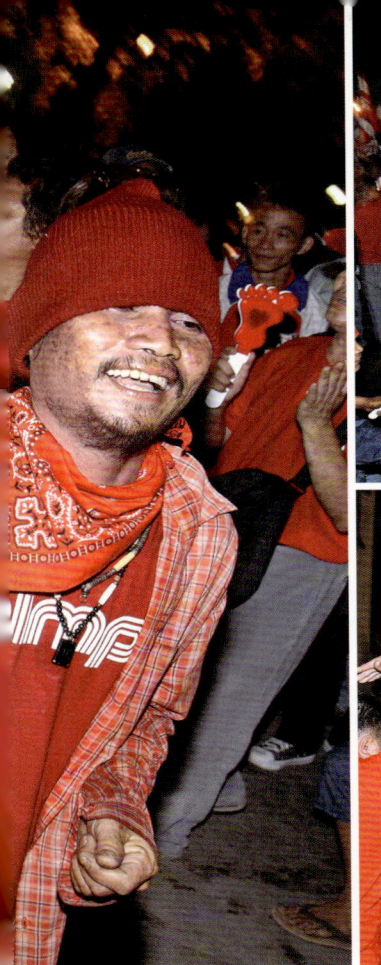

赤シャツ派のデモ隊がバリケードを壊して乗り越える。

が頭に血が上った赤シャツに殴打されて引き倒されたが、他の赤シャツの何人かがすぐに救出し、封鎖されている首相府のゲートに連れて行き、ゲートの上に押し上げて、仲間たちのところに戻してやった。

　首相府のメインゲート前の最後のバリケードも同様にすぐに破られ、数万人に上る赤シャツが首相府の前に立った。赤シャツの指導者の１人、皮肉たっぷりの演説で有名なナタウッド・サイグゥアは陽気な口調で、我々は前年のPADとは異なり、首相府の敷地内には入らないと言っていたのに、なぜ政府は警察官のみならず兵士まで動員して首相府への道を閉鎖したのか伺いたいと訴えた。赤シャツは、４つの要求項目──外務大臣カシット・ピロムを解任

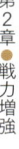

すること、1997年憲法（訳註：この憲法は、従来と異なり権力行使の抑制と国民の政治参加拡大が強調され、政治の安定と透明性、公平性を目指した規定が盛り込まれた。しかし2006年9月のクーデタにより廃止された）に戻ること、議会を解散させ選挙を実施すること、PADを裁判にかけること――を提示し、回答期限を15日間とすると告げた。

政府はこれらの要求を拒絶し、PADに対する法的措置は既に進行中であると発表した。

2月14日、PADはウドンターニー県の東北の町で集会を開いた。これは、前年の

【左】兵士が防ぐが、すぐに押し戻される。
【下】2月14日、ウドンターニー県のコミュニティ・ラジオ局に集まった赤シャツのデモ隊。
【右下】ウドンターニー県のPAD支持者。

2008年7月24日に赤シャツ派の「ウドンラバーズ」がPADの集会に殴りこんだ場所だった。当然、今度もこの赤シャツ支持派の地域でまた衝突が起きる恐れがあった。2009年1月24日には、約2000人の赤シャツ派が、これもイサーンの赤シャツの地元ローイエットの町で開催されたPADの集会を襲い、PADのメンバー30名をつるしあげて退散させている。[1] PADのメンバーは、全国中から大部隊でウドンに終結していた。多数の治安部隊が荒れるウドンラバーズをウドン郊外にあるウドンラバーズのラジオ局の隣の広大な空き地に押し込めた。2人の地元タイ貢献党議員が町の中心街をわずかな赤シャツ派を引き連れてデモ行進し、これを地元ウドンのPAD代表部と護衛隊が厳しく監視した。2000の護衛隊を含む約1万5000人のPADのメンバーを前にして、ソンティ・リムトーンクンは、チェンライやチェンマイ等の赤シャツ派が強い地方でも同様の集会を開催する計画であることを告げた。強硬派のPADリーダーの1人であるチャチャワーン・チャートスッティチャイは、スピーチで、ウドンラバーズの指導者、クワンチャイ・プライパナーは人間以下の奴だから唾をかけてやると言った。しかし、赤シャツの地盤で抗議集会を開催する計画はPADと赤シャツの抗争を生む可能性があることが懸念され、結局PADはこの計画を実行に移すことはなかった。

2月24日、赤シャツ派が首相府を取り囲む。

　　2月22日、「ラックチェンマイ51」の赤シャツグループは、北部最大の都市であるチェンマイでゲイのパレードを巡り主催者側と対立、強制的に計画を中止させた。暴力行為を恐れた主催者は、市内を練り歩く計画を中止した。この問題を引き起こした赤シャツのサブグループは、暴力事件を起こしたことのある集団であった。この集団は、PADが空港を占拠した時、親PADのコミュニティ・ラジオ局オーナーの父親をリンチしたことの責めを負っており、またチェンマイ地区の他の赤シャツグループともトラブルを起こしていた。2月12日に他の3つの赤シャツグループがチェンマイで集会を開催した時、「ラックチェンマイ51」がこの集会を攻撃して激しいヤジを飛ばしたのもその1つである[2]。この時「ラックチェンマイ51」が自分たちの立場として言ったのは、ホモセクシャリティのことを大っぴらにするのはチェンマイの文化にマッチしない、バンコクやパタヤでやった方がいいというものだった。赤シャツ指導者の多くは「ラックチェンマイ51」のこの考えを批判したが、一般の市民は反応を示さなかった。反赤シャツ派はこの事件を繰り返し非難し、赤シャツの主義主張にダメージを与えた。

　　一方、回答期限を過ぎても政府は要求に応えなかったという理由で、2月24

2月25日、首相府のアピシット。　　　　　　　　　　　赤シャツ派は依然、首相府を包囲。

日、赤シャツは大規模集会をバンコクで開催した。今回赤シャツは、朝方にサナーム・ルアンに集まり、お昼前に首相府に移動した。このように昼間行なわれるデモは、お日様の下では何でもはっきり見えるので「第三者」の行動が暴力に発展する危険は小さくなり、比較的平穏である。今回、首相府周辺の道路への進入路は、道路建設用機材と警察のトラックでブロックされていた。赤シャツは警察と協議した後、それらを接収し、エンジンをかけて動かした。現場にいた軍の士官たちは警察が無抵抗であることを快く思っていないように見えた。形式的な僅かな抵抗があったものの、赤シャツは警察のラインをさらにいくつか突破して前進し、ついに首相府周辺は歓声を上げる赤シャツ支持者で完全に埋め尽くされた。たちまちステージが整えられ、デモ隊は腰を落ちつけた。食べ物の屋台や赤シャツのデモ用グッズを売る屋台、マッサージ用の椅子の列が出現した。陽が沈むと、仕事を終えたサラリーマンがデモに参加し、あたりは人で埋め尽くされた。赤シャツは徹夜で集会を続けた。

　翌日、アピシット首相は会議に招いたアセアン諸国の防衛大臣を迎えるために首相府に入らなければならなかった。そしてこの会議は、赤シャツが首相府を包囲している中で行なわれた。出席者の車列が会議場を去る時、少数の赤シャ

ツがプラカードを掲げた。赤シャツは翌日の夕刻までその場にとどまった。暴力事件は1度だけ、私服の兵士2人が集会所に入り込もうとして赤シャツの護衛隊に発見された時に起きたが、1人が殴られ、1人は逃げ出したということ以外はよくわからない。赤シャツの護衛隊はその兵士が銃を向けたので自衛しなければならなかったと主張した。彼らはすぐに警察に出頭し、その後起訴された。

第3章
Dデイ：決行の日

　2009年3月26日、サナーム・ルアンに2万から3万人の赤シャツが集まり、真昼の炎天下、首相府まで行進した。それはもう日常的なことになっていた。今回のデモ行進のハイライトは、デモが首相府を取り巻くのを阻止するため道路に置かれた、砂を詰め込んだコンテナーを撤去するために、赤シャツがクレーンを持ち込んだことである。コンテナーはたちまち取り除かれ、そのうちの2つは持ち上げられて、メインゲートの反対側の運河に投げ込まれた。

　ステージが設営され、演説が行なわれた。しかし、暴力沙汰は起きなかったし、首相府の施設に侵入することもなかった。いつものように屋台が登場した。

【上段】3月26日、首相府前でデモ行進する数千の赤シャツ派。
【下段】赤シャツ派は大型クレーンを使って道路封鎖のコンテナーを釣り上げ撤去した。

警察官はデモ参加者に混じって話していた。私が質問をした警察官の大半は赤シャツ支持だと言った。最も多いコメントは、自分の立場は中立だがハートは赤色だ、というものだった。また多くの警察官は、家族は赤シャツ支持で抗議デモに実際に参加していると語っていた。勤務のシフトが終わったあと赤シャツに着替えている警察官さえいた。

　3月27日、タックシン・チンナワットは初めて中継画像でデモ参加者に訴えた。これは従来の電話メッセージからのラディカルな訣別だった。「皆さん

3月27日、首相府前の赤シャツ派デモ隊。

に会えなくてつらい。皆さんもつらかったですか？」こんな甘ったるいメッセージはもはや聞かれなかった。この中継画像でタックシンは、枢密院議長であるプレーム・ティンスーラーノンと枢密院顧問官たちを2006年の軍事クーデタを画策した首謀者だとして激しく非難した。タックシンが公の場でプレーム陸軍総司令官を軍事クーデタ首謀者と名指ししたのはこれが最初である。[1] タックシンは、タイの民主化を要求した。群衆は喝采を送った。

このステージでのすべてのスピーチとデモの焦点は、「アムマータヤーティッパタイ」という言葉——最も適切な定義は「保守派エリートによる支配」だろう——を軸に展開し、民主党政権、軍、そして枢密院顧問官を攻撃した。

政府は、3月29日には抗議活動が終了すると考えていた。なぜなら翌日よりロイヤルプラザの近くで赤十字の恒例のフェアが開催される予定だったからである。しかしデモ隊は立ち去らなかった。メディアは集会参加者が減少すると予測したが、毎晩数万人の人が首相府に集まった。単に地方からの参加者が増えただけでなく、バンコクで暮らす都市部中間層の人々の参加も増加した。

PADを支持する「10月14日ネットワーク」(訳註：1973年10月14日、タノーム・キッティカチョーン政権に対して、民主化と憲法改正を求める大規模な市民運動が起きた。国王ラーマ9世が仲に入って要求は認められたが、その後学生グループに警察が発砲、多数の犠牲者が出て、タノーム政権は崩壊した。「血の日曜日事件」とも呼ばれるこの出来事はタイで初めての本格的な市民運動として注目された。運動の中心となった学生の一部はその後「10.14知識人」として政治的発言力を持つようになった）

3月27日、タックシンは中継画像でプレーム陸軍司令官を初めて直接非難した。

【右】3月28日、首相府前の赤シャツ派ステージ上のソムチャーイ・ウォンサワット前首相。

37

第3章 ● Dデイ：決行の日

のメンバーまでも赤シャツのステージ裏を訪れて、黄色支持から赤色支持へ変わったと言ってきたということだった。

　3月30日の朝、警察がデモ隊を散会させるとの噂が広がった。警官隊が少し兵力を増強した。しかしこの警察の行動は、アピシット首相がその近くの国連ビルでの会議に出席する時にデモ隊に邪魔されないように、参加者の大半を首相府にとどめておくという計略であるという話だった。

　同じ日の午後、PADはセントラルワールド・デパートの反対側に位置する警察本部の前で小規模な集会を開催した。500～1000人の参加者と護衛隊の集団が何十人か現れた。PADは集会後、ウィパーワディー・ソイ3にあるタクシー運転手のコミュニティ・ラジオ局を襲撃するのではないかという噂が赤シャツの間に流れた。そのため数百人のタクシー運転手が集まったが、何事も起こらなかった。

　赤シャツの指導者がＤデイ（作戦決行日）を発表した時、私はとても心配だった。その日、彼らは「アムマート」（上流階級の官僚で保守派エリート）の象徴と見ているプレーム陸軍総司令官の邸宅までデモ行進をするために過去最大の数の参加者を動員するというのである。彼らは自分たちの力を誇示することで、敵が力の対決を断念し、真の民主主義が到来するシステムを受け入れることを望んだのである。軍はどう反応するのか？　PADメンバーは、プレーム陸軍司令官を攻撃することは彼らの考えでは不敬罪と同罪で、見逃すことはできない、と私に語った。私は、赤シャツのやり過ぎではないか、自分たちへの支持を過大評価しすぎているのではないか、軍の過激な部分を甘く見すぎているのではないか、などと心配した。チャカラポップ・ペンケーが赤シャツは首相府の抗議集会場所にとどまることを決定したと発表したことで、私の懸念は高まるばかりだった。

　3月31日、裁判所は首相府側に立って、赤シャツに対し、首相府の職員が仕事できるように、彼らが建物に入ることを認め、6番と8番のゲートの閉鎖を解除すること、そして勤務中は拡声器を使わないことを命令した。しかし、デモ隊は主張を変えず、裁判所命令を無視した。

　地方でも、バンコクの赤シャツの抗議活動を支援して、いくつかの県で赤シャツ隊は市役所を占拠した。

　抗議活動の指導者と護衛隊は平和的にデモが行なわれるように努めた。数名の秘密工作員が潜入しようとしたが、捕まった（拳銃を所持しているのを入り口

で見つかったのが多い)。彼らはステージ裏に連れていかれ、警察に引き渡された。熱心すぎるデモ参加者が黄色のシャツを着た女性と地方知事を襲ったと伝えられたが、この２人は赤シャツの護衛隊が保護した。

　４月４日、私は西側のある報道メディアのコーディネーターの仕事でウドンターニーに出かけた。その日、ウドンラバーズは彼らのコミュニティ・ラジオ局の創立３周年の機会に、大々的な資金集めの催しを計画していた。ステージが駅前広場に設営され、中華料理のディナーを楽しむため丸テーブルが430卓設置された。テーブル１卓（10名席）2000バーツで販売されたが、事前に完売となった。

　私は、赤シャツ指導者のトップであるウエーン・トーチラーカーン博士とウィープータレーン・パッタナプームタイ氏の２人がやってきたのを見て驚いた。ウエーン博士はラジオで話し、報道班からインタビューを受けた。彼は、隣県で開催される集会に参加するためすぐに退席した。

　日暮れとなり、人々が資金集めの集会に集まってきた。およそ5000人が出席した。ステージでは歌手が歌い、スピーチが行なわれた。タックシンは電話参加し、聴衆は勝利を確信した。クワンチャイ・プライパナーは、既に50台のバスをチャーターしており、2500人のデモ参加者がバンコクに行くことができるだろうとアナウンスした。人々はお金を出した。だがディナーは、あいにくの雷雨で早々に切り上げられた。

　翌日、私は赤シャツ支援者が活発な活動を行なっている村を訪ねた。村の集会場の広場には、赤シャツを着た大勢の村人が海外報道チームを待っていた。報道チームは１人の村人の家を訪問して、暮らしについてインタビューし、なぜ赤シャツの活動とタックシンを支持するのか尋ねた。我々がクワンチャイ・プライパナーと昼飯を食べに行った時、食堂のオーナーが彼に従業員とお客から募ったウドンラバーズへの寄付金の入った封筒を渡した。

　４月６日の夜中、タックシンの元妻、子供たち、そして近親者らは、タイを出国した。[2]

　バンコクに戻るとＤデイの準備が進んでいた。４月７日、正体不明のプレーム支持者グループがテウェートのプレーム邸の前に集まったとの知らせがあった。水色のネッカチーフをした彼らは、自分たちのグループを自発的に集まった「クルム・ラック・プラディン・クート（生まれたこの地を愛するグループ）」であると名乗った。このグループ名は覚えるのが難しいようで、私が聞いても、

4月7日、プレーム陸軍総司令官邸に集まった「生まれたこの地を愛するグループ」メンバー。

　数十人いた参加者のほとんどはうまく言えなかった。彼らはプレーム宅に隣接する軍の施設に入ったり出たりして、兵士と歓談していた。私は昨年の首相府占拠の時以来顔なじみとなった大勢のPAD護衛隊のメンバーと再会した。彼らも私のことを覚えていてくれた。

　同日、数百名の赤シャツのデモ隊が、アピシット首相が閣議に出席するため滞在しているパタヤのホテルを封鎖し、首相がそこから立ち去ろうとした時、車列に襲いかかった。騒ぎの中で運転手と警護の警察官が殴られたが、アピシット首相は無事に脱出した[3]。記者会見でネーウィン・チットチョープは、前のボスであったタックシンを非難し、涙ながらに自分は国王のために死ぬ覚悟があると語った[4]。

　4月8日、プレーム陸軍総司令官宅へのデモ行進が始まった。当初、参加者は朝10時に集合し、デモ行進は午後早くに開始されると発表されていた。しかし、行進はもっと早くから始まった。私が到着したのはちょうど赤シャツ隊がロイヤルプラザ付近のシーアユッタヤー通りの路上で隊列を整えているところだった。

　警察は私に、朝7時に水色のネッカチーフをした連中（300名ほど）を家に帰らせたと言った（しかし、そのうち何人かはデモの間中プレームの家の敷地の中にとどまっていたのだという情報を後日聞かされた）。

　大勢の群衆がプレーム総司令官宅に向けデモ行進を行ない、家を取り囲んだが、暴力沙汰はなかった。私はいったん自宅に帰った後、夕刻にまたやってきた。参加者数の見当はつかなかったが、主催者は30万人、警察は10万人以上と言っていた（警察は衛星写真と平方メートルあたりの人数に基づいて計算してい

4月8日、プレーム陸軍総司令官邸を取り囲んだ1万人以上の赤シャツ派。
左はプレーム宅を見下ろすステージに立つリーダーのナタウッド・サイグゥア。

るので、こちらのほうが信頼できる数字だと思う）。いずれにせよ、それは、私がこの3年半見てきたタイの政治的混乱の日々の中で最大の抗議活動だった。これと比べればPADの抗議活動はどれもちっぽけなものに見えてしまう。シーアユッタヤー通りは立錐の余地もなく、ロイヤルプラザと首相府の周辺道路は巨大な群衆で埋め尽くされた。多数の可動式ステージが置かれ、少人数のストリートバンドがテンポの速いイサーン風のロックミュージックを演奏し、人々は曲に合わせて踊った。

第4章
道路封鎖、パタヤ崩壊

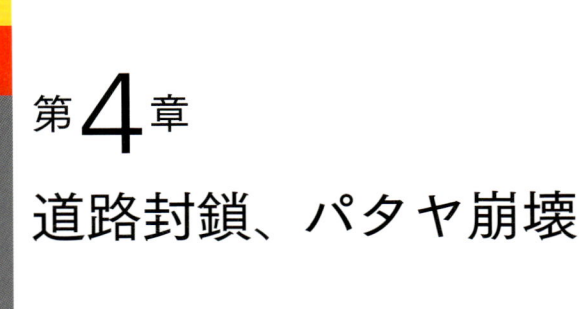

　翌日の2009年4月9日、赤シャツによる道路封鎖が始まった。最初は、あちこちの拠点を移動しながら集会が行なわれていた。私は、クワンチャイ・プライパナーとウドンラバーズが主催した民主党本部前での集会に行った。黄色のTシャツを着た女性がプレーム陸軍総司令官宅前の抗議デモグループに車で突っ込んで、数人を傷つけ、その場から逃げたという知らせがあった。[1]

　タクシー運転手がいくつかの道路を封鎖したというニュースが入ってきた。私はまずラーマ5世通りとラーチャウィティー通りの交差点に行き、それから戦勝記念塔に行った。その時点ではまだ、不服従・非暴力という形での抗議活動であると私が記述できる範囲内の動きであった。暴力沙汰があったという話

4月9日、ラーマ5世通りとラーチャウィティー通りの交差点で赤シャツ派による道路封鎖が始まった。

戦勝記念塔前に集まる赤シャツ派。

もなく、救急車も、最初は多少もめてもバリケードの通過を許可された。とはいえ、空気がぴんと張り詰めている感じは確かにあった。戦勝記念塔近くの高速道路入り口付近から警察官が現れた時、デモ参加者の興奮が一気に高まった。政府が何か1つのミスを犯しただけで、事態は急変するかもしれないと私は思った。警察は後退した。

　私は、戦勝記念塔が展望できるBTS（スカイトレイン）の駅に続く陸橋の1つに上がり、制服姿の女子学生2人に赤シャツと現在の状況をどのように考えているのか尋ねた。2人は最初、恥ずかしそうな顔を見せたが、道路封鎖は困るけれど赤シャツの要求は政治的に理解できると語った。2人が去った後、年配

戦勝記念塔のバリケード内で踊る若い赤シャツ派のデモ参加者。

の男が私に英語で、今の2人は私の質問を誤解していると思われると言ってきた。私はタイ語で、彼女たちは私の質問を完璧に理解している、最初恥ずかしい素振りを見せただけだ、と返答した。男は急に私に怒鳴りだし、赤シャツの連中はみんなやっかい者だ、やつらは王制の転覆を望んでいる、国をだめにするあいつらはみんな殺さなければならない、と叫んだ。これだから、私は自分の国に、タイは内戦になるかもしれないとリポートしなければならないのだ。内戦は良いことではないだろうと私がその男に言うと、彼は、米国にも内戦はあった、ドイツも同じように内戦はあった、それでもとにかくタイも含めてこれらの国々は豊かに発展しているのだ、と答えた。そして男は、荒々しく立ち

第4章 ● 道路封鎖、パタヤ崩壊

去っていった。

　午後6時、激しい雷雨がやってきたので、すぐに私は帰宅した。夜遅くなってから戻ってみると、驚くほどの熱気だった。私は、小さいカートにオーディオを載せ、ベースの利いた音楽を流して、踊り狂っている若者たちのグループを撮った。それは私にアフリカのどこかの部族のダンスを思い起こさせた。もうすぐやってくるソンクラーン祭り──お互いに水を掛け合いドンチャン騒ぎをするタイ正月──を先に祝うように、水が撒き散らされた。私はチャカラポップ・ペンケーが移動式ステージでスピーチをしている間に家に帰った。これが彼を見た最後となった（訳註：バンコク騒乱のあと赤シャツの指導者たちが逮捕され、チャカラポップは海外に逃亡した）。帰る途中、私は家の近くにある地下鉄の駅で警察と軍が一緒になって道路封鎖をしているところを通った。

　翌日の4月10日、私は、スティサーン通りとウィパーワディー・ランシット通りの交差点が封鎖されているのを見に行った。私にとってここはいろいろな面で興味深いところだった。ウィパーワディー・ランシット通りは、バンコク北部郊外の多くの工業センターに通じ、タイ北部と東北部の主要道路と繋がる複線の高速道路で、普段は非常に混雑しているが、この日は全く車が見られなかった。バリケード付近には、この地区の家族連れの人たちと他の町から来たデモ参加者が集まっていた。小さな移動式ステージが高速道路の下の交差点に設営されていた。

　その夜、私はアセアン・サミット会議場となるパタヤに向かうデモ隊につい

4月10日、赤シャツ派のデモに参加する地元住民。
スティサーン通りとウィパーワディー・ランシット通りの交差点バリケードで。

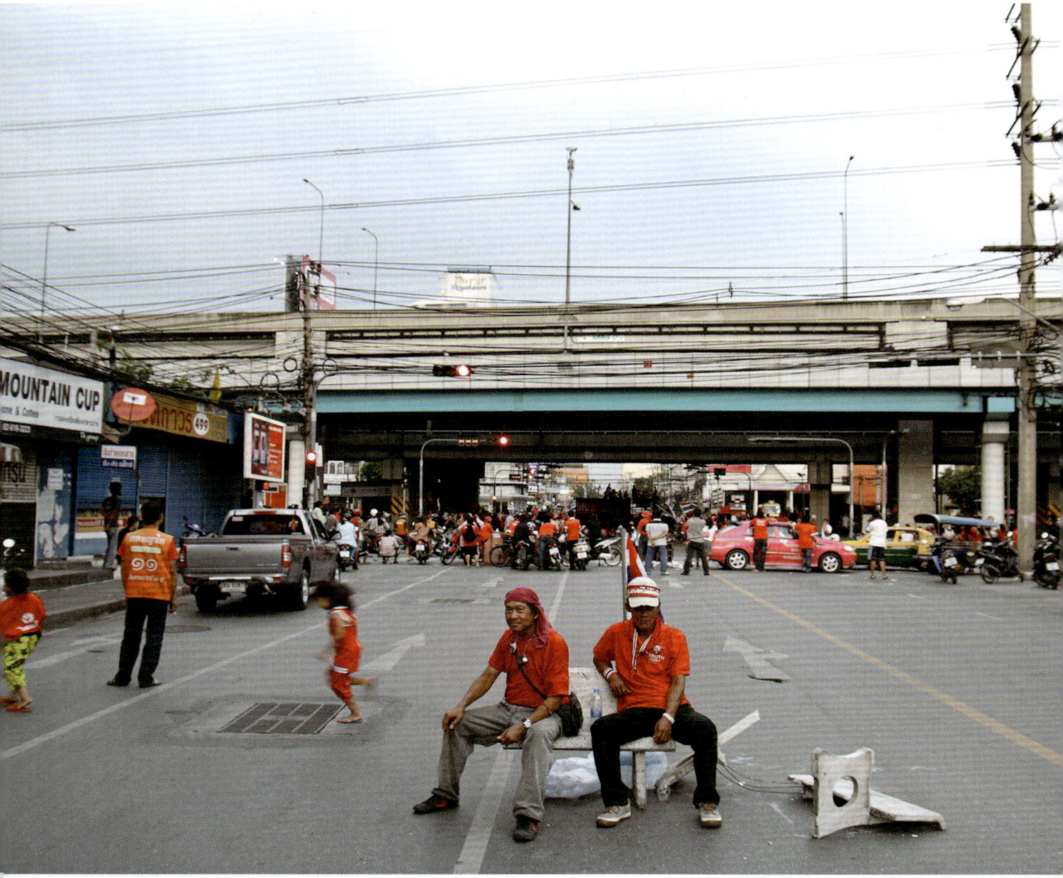
MOUNTAIN CUP
499
TRUTH
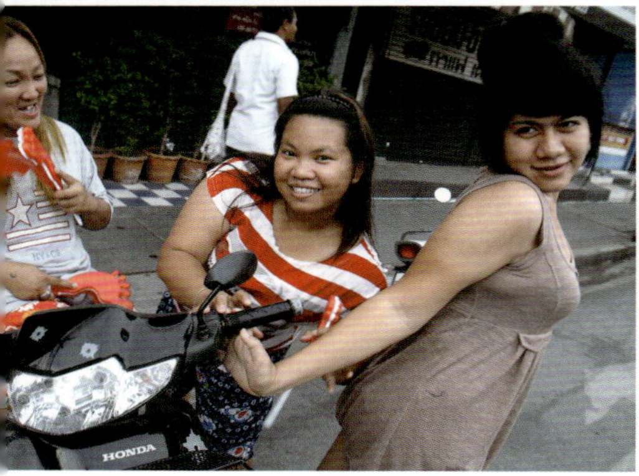
HONDA
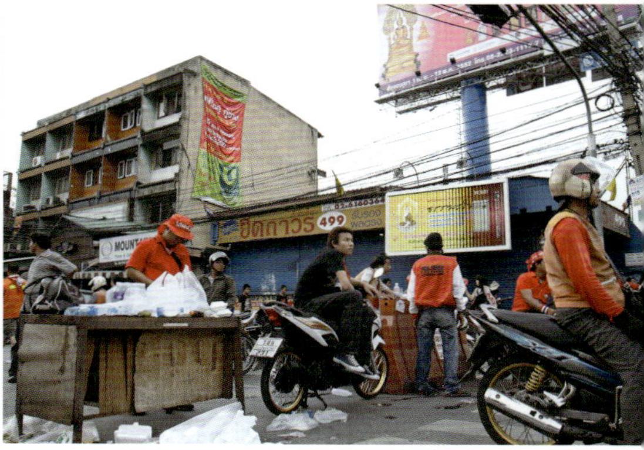
499

ていくことに決めた。バンコクの状態から見て、パタヤでは相当ヒートアップするだろうと思えた。パタヤに行っている友人たちは、既に青シャツが来ていて、有名な歌手で赤シャツの指導者であるアリスマン・ポンルアンローンがアセアン会議の出席者に対して抗議文を配布したあと、青シャツと赤シャツとの間で衝突が起こったと私に話してくれた。数名の赤シャツが投石により怪我を負ったという。青シャツの攻撃が始まったという知らせのあと、首相府のステージから赤シャツの指導者はデモ参加者に対して、パタヤの赤シャツを支援するためパタヤまでタクシーが利用できると告げた。バンコクからパタヤまでの道は、抗議デモに加わる赤シャツを乗せた何百台もの車で混雑を極めた。沢山のタクシーやピックアップトラックが赤シャツを運んだ。道路には何ヵ所か、車の流れをスローダウンさせるブロックが警察によって設置されていた。あるガソリンスタンドでは、赤シャツを乗せたタクシーは無料でガソリンを満タンにしてくれた。パタヤの郊外では道路封鎖が実施され、少しの間、何台かの赤シャツの車が警察により止められたが、間もなく通行が許された。

　翌4月11日の朝6時、私は、アセアン・サミットの会場となっているロイヤルクリフビーチリゾート周辺の立ち入り禁止区域に向かった。リゾートに向かって丘を登る道路は治安部隊により封鎖されていた。第1封鎖線は国境警備

4月11日、待機する青シャツ派。パタヤ。

警察（BPP）によって、第2封鎖線は軍によって構成されていた。私が軍の司令本部の丘の途中にあるツーリストポリス（観光警察）のオフィスにいた時、突然数百人の青シャツが立ち入り禁止区域の中から出てきた。荷台に青シャツが乗ったピックアップトラックが1台現れた。それには棍棒も積んであった。私は写真を撮った。青シャツはやめろと言ったが、私は構わず撮り続けた。兵士は彼らに道を下るように言った。私は徒歩で後を追った。丘から下に降りた所では数十名の青シャツ隊が道路封鎖のブロックのまわりに集まっていた。数名の青シャツが軍と国境警備警察の封鎖ラインを通り抜けて棍棒を運び、国境警備警察の最前列に並んでいる仲間に配った。私は青シャツの何人かがPADの護衛隊であることを確認した。彼らも首相府占拠の時に出会った私のことを思い出したようだった。他の青シャツメンバーはどう見ても兵士のようだった（その日、後になって、彼らはサッタヒープ海軍基地の連中とネーウィン・チットチョープの支持基盤であるブリーラム県の警察官であったと聞いた）。

　間もなく赤シャツの大きなグループが移動ステージと共に現れた。最初、赤シャツと青シャツは拡声器を使ってやりあっていたが、すぐに200メートル以内に接近して睨み合った。ストレートタイムズ社のニルマル・ゴーシュ特派員が私を呼んだ。彼は別の道にいたが、既にそこで短い時間だが赤シャツと青シャツの衝突が起き、小型爆弾が投げ込まれた時に青シャツが軍の封鎖ラインまで後退したのだという。赤シャツメンバーの1人が発砲して足に怪我を負った。私がいた場所でも衝突寸前となっていた。1000名を超えると思われる赤シャツ隊が約300名の青シャツ隊と向かい合った。2つのグループはたがいにじりじりと距離を詰め、ついにわずか50メートルまで接近した。その時、1人の赤シャツの指導者──ウォラチャイ・ヘマが交渉を呼びかけるために歩み出た。私はこの政治闘争を3年間以上フォローしてきたが、これは私が見た中で最も印象的な勇気ある行動だった。青シャツ数名がこの赤シャツ指導者にパチンコの狙いを定めた時、PADのボランティア医療スタッフであるアルコーン・ロッドカントックが青シャツの隊列から歩み出た（私は彼を以前から知っていて、好ましい人物であると思っていた。2008年10月7日の衝突では、怪我をした警察官を自分の友のように治療している彼の写真を撮ったことがある）。彼は仲間たちを押しとどめ、赤シャツ指導者に歩み寄った。交渉はすぐ終わり、彼はさらに赤シャツの隊列の中に入って、ヤー・ドム（メンソールとリフレッシュハーブを含んだ薬。鼻から吸う）を医療カバンから取り出して配った。彼は、感極まった赤シャツ

から熱い抱擁を受けた。涙を見せる赤シャツメンバーもいた。アルコーンも心を揺さぶられて泣きそうな表情であった。この光景を間近に見て何も感じない人はいないと思う。赤シャツは拡声器で「国王賛歌」を流し、交差点から退却した。恐ろしい衝突は回避された。その時私は知らなかったが、2丁拳銃を持った3名の赤シャツ護衛隊が上の道路から戦闘開始に備え青シャツに狙いを定めていたのだという。後でアルコーンと話した時、彼は「私が間に入ったことが気に入らない仲間もいたかもしれない」と言った。しかし、と彼は言った。「私はああしなければならなかった」。彼は常に最前線にいるが、暴力を嫌い、2008年9月2日のマカワーン橋の戦闘でそうだったように、敵味方関係なく怪我をした人に手をさしのべてきたのである。

　私は、丘の上に建つロイヤルクリフビーチリゾートまで歩いて上った。ホテル前には、赤シャツの大きな集団がいた。彼らは裏道を通ってここに来たのだった。青シャツに撃たれたようで、1、2名の赤シャツメンバーが怪我を負っていた。しかし、それがいつだったのか、先刻の短時間の衝突の時だったのか、それとも前の晩のことだったのか、私にはわからなかった。赤シャツの指導者アリスマン・ポンルアンローンは襲撃した青シャツを逮捕するよう政府に要求した。彼はホテルの会議棟の入り口で記者会見を開いた。赤シャツのデモ参加

赤シャツ派と青シャツ派はギリギリのところで衝突を回避。
PADの医師で青シャツ派のアルコーン・ロッドカントックを感極まった赤シャツ派が抱擁した。

【　上　】ロイヤルクリフビーチリゾートのゴルフコースで休む赤シャツ派と兵士。
【左下】ロイヤルクリフビーチリゾートで記者会見を行なう赤シャツ派指導者アリスマン・ポンルアンローン。
【右下】ホテルに向かう途中で発見した青色のシャツの入った袋を見せる赤シャツ派。

赤シャツ派は警備を突破してアセアン・サミット会場に侵入した。

者がホテルに登ってくる間に見つけた青いシャツの入った袋がいくつか並べられていた。こうしてなにごともなく1〜2時間過ぎた後、突然、赤シャツデモ隊がホテルのドアの前に移動してきた。軍隊と警察官はどうしたらいいかわからず困惑しているように見えた。デモ隊はホテルのドアの前に立ち、ドアを押し開けようとした。赤シャツの護衛隊は止めようとしたものの、うまくいかなかった。突然1枚の大きな窓ガラスが割れ、とうとうデモ隊の先頭がホテル内に入ってきた。私は仰天したが、川が氾濫するようにホテルに侵入していくデモ隊の流れに巻き込まれて一緒に流れ込んでいった。アセアン各国から集まったジャーナリストや各国代表団、関係者が困惑しながら見つめていた。水着を着た観光客も混じっていた。彼らの隣に立って携帯電話で写真を撮っている赤シャツもいた。観光客もこの現実とは思えないようなシーンを写真に収めていた。代表団は狂喜する赤シャツの前で、お付きの連中に自分たちの写真を撮らせていた。兵士たちは急いでホテルのメインビルディングへの侵入を防ごうとしたが、赤シャツはそんなことは無視して歩き回り、横の入り口からも侵入して、アピシット首相を探した。しかし、首相と政府関係者は既に避難しており、アセアン・サミットは崩壊した。サミット取材の記者の中には恐ろしい経験だったと記事に書いているものもいたが、私自身はとんでもない体験をしたと言う

【上・左下】ロイヤルクリフビーチリゾートに侵入した赤シャツ派。　暑さと脱水症状で倒れた若い兵士にマッサージを施す赤シャツ派の女性。

のが正直な感想だ。暴力行為はなかった。デモ隊は騒がしかったが、状況から考えると、態度はそう悪くないと思われた。

　30分後、赤シャツはホテルから速やかに退出した。私は暑さと脱水症状で倒れた若い兵士の写真を撮った。衛生兵が彼を手当てし、赤シャツデモ隊の年配の女性がマッサージした。赤シャツはパタヤ北部のビックCデパート裏の集会場まで退却した。そして、アピシット首相がチョンブリー県とパタヤに非常事態を宣言したので、赤シャツはバンコクに引き返すことを決めた。

　このパタヤ事件については、いくつかの要因があったと思う。1つは、赤シャツ指導者にデモ隊をコントロールする能力が欠けていたこと——一団がホテルに突入するのを防ぐこともできなかった。2番目は、青シャツが赤シャツを襲撃したこと。そして3番目は、政府の情報活動に誤りがあったことである。

　私はこの一連の抗議行動の始まりとなったスワンナプーム空港で青シャツを見た時から、彼らについてもっと調べようと思っていた。あの時、青シャツはネーウィン・チットチョープが組織したグループだと噂されていたが、私が空港で調べてもなにもわからなかった。4月11日、パタヤで、青シャツを着てオートバイの後ろに乗っているネーウィン・チットチョープが写真に撮られている。彼はそこでステープ・トゥアクスバンと話しているところの写真も撮られた。

第4章●道路封鎖、パタヤ崩壊

53

ハンドガンを持つ青シャツ隊のビデオもある。私の写真は、青シャツが軍隊と協力関係にあることを示している。警察の調査は邪魔が入り、実行されることはなかった。メディアはオートバイのネーウィンの写真をもとに、すぐ彼を青シャツのリーダーであると報道した。これは安易な結論で、ネーウィンをへんに有名にすることになっただけだ。

　しかし、事実はもっと複雑なようだ。ネーウィンは青シャツのような軍事集団をたやすく組織することはできたであろうが、政治家としては、政治の場から閉め出され、政府にポストもないので、軍に青シャツと連携するよう命じることができる立場にはない。私の調査からは、別のシナリオが見えてくる。最初の計画はネーウィン・チットチョープと国内治安担当の副首相であるステープ・トゥアクスバンの2人が練ったと考えられる。そして私の情報によれば、最終的な指示を下したのはステープだ。『ザ・ネーション』のステープへのインタビューもこの見方を裏付けている。インタビューにおいてステープは、自らの責任と失敗を認めながらも、青シャツの多くはアセアン・サミットを赤シャツの妨害から守ろうとして集まった一般民衆であると言っている[3]。しかし、これは事実の半分でしかない。一連の抗議活動の最初の数日間に青シャツがスワンナプーム空港に初めて現れる前に、そしてパタヤの衝突の前に、青シャツについて最高司令部で議論されているのだ。ステープはその前に青シャツ部隊の創設を示唆するメモを書いていた。このメモは公式の文書ではないが、指示と解釈された。ただし、この会議に出席した官僚の手書きのメモ以外に文書は残っていない（しかし、問題がきわめてデリケートなだけにそれも廃棄された可能性が高い）。青シャツ部隊創設の背後にある考えというのは、治安部隊がデモ隊に暴力を振るうことになるのを避けるというものである。これは過去数十年、厳しい弾圧が何度も大きな間違いを犯すことになったことから国が抱いた懸念に基づくものである（直近では、2008年10月7日、警察がPADのデモ隊に対して強力な催涙弾を使用した時）。そこで、代わりにデモ隊を制圧する、存在が否定されて当然な軍事組織が作られたのである。私は、パタヤで会ったPAD護衛隊の1人と後で話をした。私が彼に、PADとネーウィンやステープとは本当に親密な関係とは言えないのではないかと尋ねると、彼も困惑していると言った。「私もそう思うことがよくあった。あの人たちは常に我々を自分の利益のために使うようなところがある。我々はあとになってようやくそれがわかるんだ。私はアセアン・サミットを守るために友達とあそこに行っただけで、何も知ら

なかった。あそこに行って初めて、一緒にいるのがほとんど兵士で、その多くは行きたくもなかったのに召集された連中だということを知った」。
　そして、みんなわかっていることだが、この事件では最初から最後まで政府の情報収集の誤りが大きな問題だった。現場レベルの情報員は大きなプレッシャーを感じていた。政府の考えは、赤シャツはタックシン・チンナワットの金で集められた連中で、主義などなく、人数も自分たちが言うほど多くない、というものだった。だから、現場の情報員が報告する赤シャツの人数が思っているより多いと、政府側はそれを信用せず、情報員は叱責されて赤シャツの回し者かと疑われるのであった。そうなることを避けるため、情報員は彼らの上司が期待する数を報告する。パタヤの場合、赤シャツの人数は1000人から1500人と報告されたが、実際の人数は4000〜5000人の規模であった。その少ないほうの人数に合わせて青シャツが動員されたが、実際の人数に圧倒されてしまったというわけである。おまけに制服姿の軍や警察の治安部隊には暴力を振るうなという命令が出されていた。結局、この日は混乱に終わることが決まっていたと言ってもいい。ここのところ、こういうことばかりだった。2007年のプレーム邸宅襲撃事件では、抗議者を散会させる指示を受けた警察官が数で劣ったためUDDに3回も返り討ちにあったが、それ以来、同様の事件が続いていたのである。それなのに今回も、上の連中がデモ隊の正確な人数を推測していた少数の現場レベルの情報員の報告を信じなかったのであった。
　もし政府が、赤シャツを会議場に近づくことを防ぐために、群衆を退散させる通常の方法である催涙弾や放水砲の使用許可を部隊に与えたならば、国際的に認められているルール内で排除が行なわれたことになり、国際会議における同様のデモ鎮圧に慣れっこになっている国際メディアや代表団が眉をひそめるようなことにはならなかっただろう。また、そもそもパタヤで最初に青シャツのほうが赤シャツを攻撃しなかったら、赤シャツのホテル内侵入は発生しなかったのではないか。パタヤにおける衝突は、その後2日に及ぶ悲劇を生む鍵となる出来事だった。

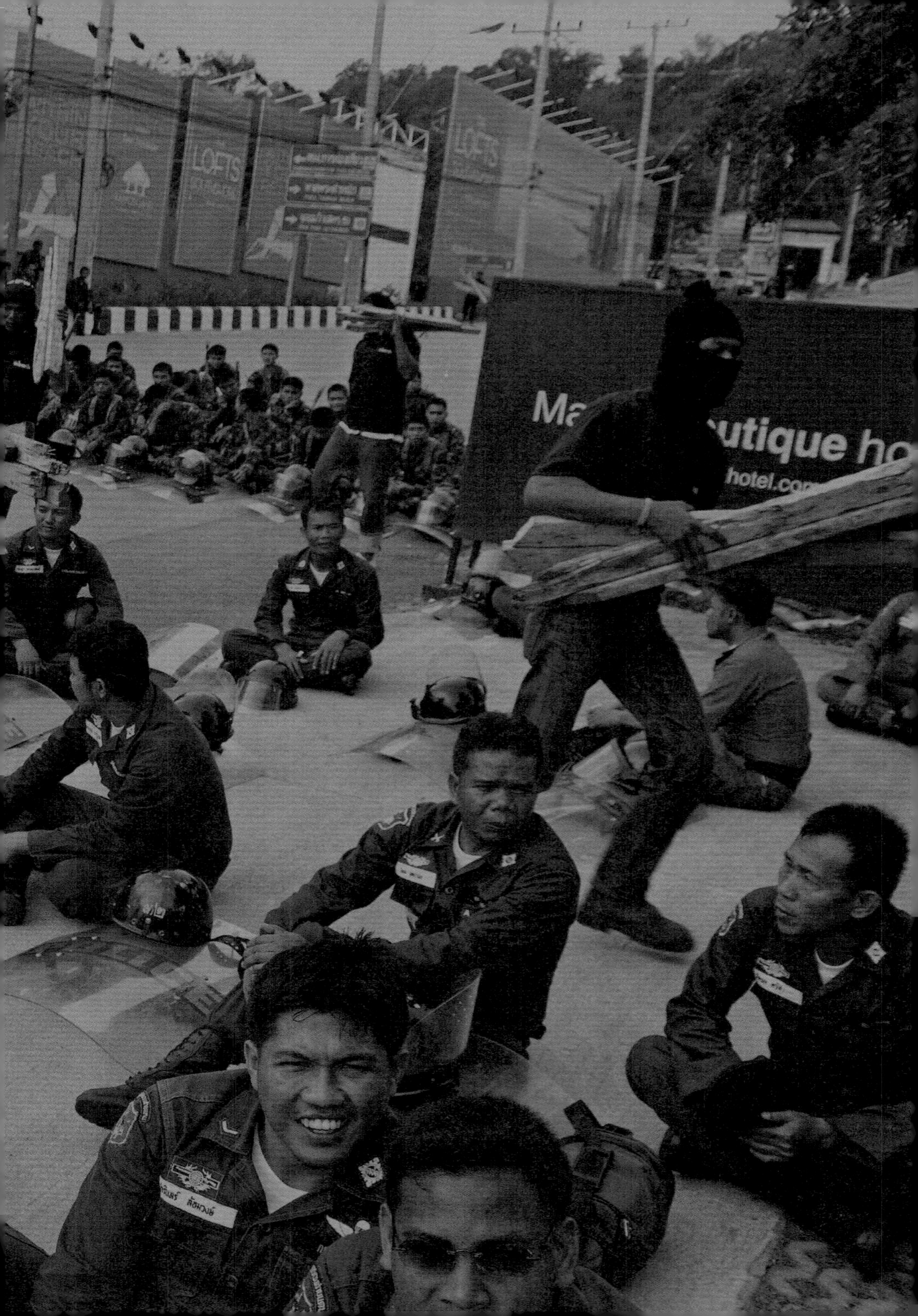
LOFTS
LOFTS

第5章
バンコク燃ゆ

　2009年4月12日私は、赤シャツのリーダーの1人、アリスマン・ポンルアンローンが逮捕されたとのニュースを聞いた。赤シャツは彼の釈放を要求し、ラチャダーピセークにある裁判所の建物前で抗議デモを行なった。同じ日の午後、アピシット首相は内務省でバンコクと周辺の県に対して非常事態を宣言した。事態は非常に混乱した。憤激した赤シャツ隊がアピシット首相の乗った車を政府建物敷地内で襲撃したことが報告された。運転手は車内から威嚇発砲したが、赤シャツにより武器を取り上げられて殴られた。赤シャツは、アピシット首相の車が彼らに突っ込んできた時、数名が怪我を負い、そして警備隊が怪我をしたデモ隊を何人かビル内に引きずり込んだと言っていた。

　私が内務省に到着した時、赤シャツはまだ入り口や敷地内に残っており、兵士もいて、何人かはM16で武装していた。緊張感漂う状況で、事態は明らかに悪い方向に向かっていた。赤シャツはビルの中で怪我をした仲間を捜した（ひとりも見つからなかった）。突然、1台の車が脱出しようと地下駐車場から飛び出してきた。怒り狂った赤シャツがその後を追った。私は彼らの後を追い、フェンスを突き破ってタクシーに激突した車が敷地内と歩道の真ん中で動けなくなっているのを見た。車には2人の男が乗っていた。運転手と首相府事務局長ニポン・プロムパンであった。赤シャツの護衛隊は車のまわりで興奮した群衆を押しとどめようとしていたが、怒った少数のデモ隊が大きな棒で車に殴りかかった。何人かが捕らわれた男たちに罵声を浴びせ、アピシット首相の行方を問い質した。私は写真を数枚撮った後、少数の過激な赤シャツを追い払い、けだもののようなことをするなと怒鳴りつけた。赤シャツ護衛隊も、これ以上事態が悪くならないようにがんばっていた他の赤シャツの何人かも、私に拍手してくれた。間もなく、赤シャツ護衛隊は怪我をした2人を車から救い出して病院まで無事に運んだ（ニポン・プロムパンが首相府の赤シャツのステージの上で

晒し者になったという報告がいくつかあるが、本当にそんなことがあったということを示すものはない)。

　マシンガンを装着したAPC（装甲人員運搬車）が主要な道路に現れた。そのうち何台かは、赤シャツに乗っ取られた。後になって、私はAPCの隊員1人と話す機会があった。彼は、APCはいかなる状況でも発砲してはいけないという指示を受けていたため、デモ隊はAPCを強奪することができたのだと語った。

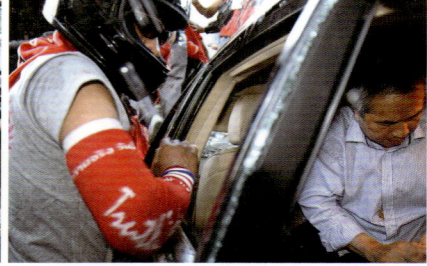

4月12日、内務省の敷地で立ち往生したニポン・プロムパンの車を赤シャツ派が襲う。運転手は病院に運ばれた。

【下】サームセーン通りのプレーム陸軍総司令官邸近くにAPCが現れた。

彼はまた最初にAPCを投入した判断にも疑問を持っていた。既に引き返すことができないところに来ているように思えた。そして、次の日の早朝、軍による掃討が開始された。

　4月13日月曜日、私は、午前4時に妻に起こされた。同時に友人から掃討が始まったことを告げる電話を受けた。衝突は、プラチンブリーの女王護衛隊第2歩兵部隊の兵士と、軍が主要な接近ルートとしているウィパーワディー・ランシット通りを閉鎖していた赤シャツの間で起こった。私は、ディンデーン通りとラーチャプラーロップ通りの交差点であるディンデーン三叉路に5時少し前に到着した。まだ暗い中、至近距離からの発砲が何発かあり、短い自動小銃の銃声が時々聞こえた。救急車数台と怒れる赤シャツ隊、そしてタイ人の写真家数名がそこにいた。私は注意しながら衝突現場に歩いて向かったが、赤シャツが自動小銃の発砲から逃れて私の方に走ってきた。彼らは軍が来ると叫んだ。私も彼らと走って逃げた。防弾チョッキ、暑さ、そして腹の底からの恐怖が私

の逃げ足の速度を奪った。その後すぐにあたりは静かになった。

　興奮した赤シャツが私に、人が殺されて、兵士がトラックに積み込んでいると言った。事実かどうか私にはわからない。明らかに、私が一歩踏み込んで穏やかに話を聞くとができるような状況ではなかった。私は待った。燃やされたタイヤから黒い煙が漂ってきた。赤シャツの若手は手投げガソリン爆弾の攻撃準備にかかっていた。1人が試しにガソリン爆弾でタイヤを数本燃やしたところ、中身が足に飛び散って引火し、一瞬炎に包まれたが、仲間が火を消し止めた。

　日の出の頃、突然、発砲が激しさを増し、赤シャツたちは逃げた。木の下に隠れた私は、拳銃と思われる銃声を聞いた。私の数メートル頭上で弾丸が何枚もの木の葉を突き破るぞっとするような音が聞こえた。私は頭を下げて脇の小道にもぐりこみ、安全になったらまた出ていくつもりで、軍が通り過ぎるのを待った。2人の赤シャツメンバーも同じように脇道に隠れていた。彼らはTシャツを引き裂き（訳註：赤シャツであることを隠すため）、町の人が自分たちの家にかくまった。兵士が脇道に入ってきた時、私はカメラを掲げて、ジャーナリストだと告げた。何も聞かれなかったので、私はほっとして、緊張している兵士たちの写真を撮った。兵士たちはそれ以上前進するつもりはないようだった。メディア関係者がやってきた。兵士たちの後から来た者もいたし、自宅から来た者もいた。

　BBCのアラステア・レイザードが到着し、座って何が起きたか話していた時、私はカメラが故障したことを知ってパニックになった。どうやっても動かない。

4月13日、掃討作戦開始。接近する軍隊の発砲から逃げ惑う赤シャツ派の若者たち。

3年以上もこの仕事に打ち込んできて、そのクライマックスのまさにその時にカメラが壊れたのだ。しかもタイのほとんどすべての店が休みになる唯一の休日であるこの日に（訳註：タイ正月「ソンクラーン」の初日）。ニルマル・ゴーシュとジョナサン・ヘッドに電話して自分の不運を嘆くと、2人はカメラを貸してくれると言ってくれた。状況は平静になったように見えたので、私はまず家に戻って、今朝から撮った写真が無事かどうか確かめ、それから開いているカメラ屋があるかどうか見に行くことにした。

　店が開く時間に、セントラルプラザ・ラートプラーオの向かい側にある商店街に行くと、営業中のカメラショップが1軒あった。そこで私は、使っていたキヤノンEOS450-D──12メガピクセルの最安価機種──を見つけた。私は裕福ではないので新しいカメラを買うことは経済的に厳しいが、少なくとも仕事を続けることはできた。

　私はディンデーン三叉路に戻った。状況に変化はなかった。軍は同じ所にいて、私が現場を離れていた3時間の間、何事も起こっていなかった。

　私はまだ若い下士官の隣に腰掛け、話を聞いた。彼はここにいるのが嫌だと言った。イサーン出身の彼は、当然ながら赤シャツの中に親戚がいた。しかし、兵士は軍の命令に従わなくてはならない。彼は群衆の頭上を狙って撃ったが、水平に撃った兵士もいたと認めた。

　戦勝記念塔にいる赤シャツは、2つの方向から軍隊にゆっくりと接近した。一方はラーチャプラーロップ通りから、もう一方は戦勝記念塔からだった。軍隊との距離が200メートル程度となった所で赤シャツの動きが止まった。1人

朝日の中、ディンデーン三叉路を警護する兵士

第5章 ●バンコク燃ゆ

の男がバラの花を持って軍隊の隊列の前に歩み出た。国際赤十字の職員が軍隊と赤シャツの間に入って折衝を試みたのである。

　赤シャツは興奮して、タイヤを燃やし始めた。カメラマンは撮影を開始した。軍は高圧放水車2台を前線に持ってきた。ラーチャプラーロップ通りでは、バスが赤シャツによって燃やされていた。燃えているバスの前にはガスタンクがある。兵士は高圧放水車を使って火を消し、ライフルを散発的に発砲しながら前進を始めた。すさまじい音であった。今度の攻撃は早朝よりも整然として統制がとれているように見えた。プラチンブリー師団にバンコクの王室護衛隊第11歩兵連隊が補強されていた。私は兵士が水平に撃つところを見ることはできなかったが、もちろん私が見たのは自分の近くだけだった。赤シャツはばらばらになり、私は交差

真昼の攻撃。

点に戻った。突然、陸橋の上にバスが現れ、立っている兵士に向かって突っ込んでいった。兵士がバスに向けて発砲し、バスが橋の手すりに衝突するのが見えた。幸いにもバスは手すりを乗り越えて橋の下に配置されていた兵士の上に落ちることは免れた。私は、我々が最初に死傷者を見ることになるのかもしれないと思った。しかし、バスに近づいて見たところ、バスは弾丸で穴だらけとなっていたものの血は付いていなかった。バスのフロントガラスは全部吹っ飛んで、バスの前の路上に落ちていた。窓ガラスも弾丸で穴だらけであった。そばにいた男が、兵士がバスを銃撃する直前、運転手がジャンプしてバスの外に脱出するところを見た、と私に言った。

　軍の攻撃はいつもと同じだ。兵士はきちんと列を組み、散発的に発砲しながら、脇道を制圧していく。私は銃弾で窓ガラスに穴の開いたバスの写真を撮った。それはおそらく自動ライフルで、兵士のいた方向から撃たれたものだった。彼らは赤シャツのデモ隊を戦勝記念塔から押し出した。私は数人の傷ついた赤シャツが兵士に乱暴に連れていかれるのを写真に撮った。赤シャツのひとりが「私はただの老人だ。私は誰にも何もしていない」と言っているのが聞こえた。兵士が写真を撮るなと言ったが、私は無視した。

　少し落ちついたようだった。ポホンヨーティン通りの角でタイヤが数本燃やされて炎が上がった。黒い煙と背景の戦勝記念塔がドラマチックな絵となった。すべてのカメラマンがこのシーンを撮影したのではなかろうか。私はラーチャウィティー病院まで歩いた。炎に包まれているバス——またひとつドラマチックなショット。そこには数名の赤シャツがいて、拾い集めた薬きょうを見せてくれた。

怪我をしたデモ参加者を運び出す兵士。　　集めた薬きょうを見せる赤シャツ派。

しばらくして私は家に戻り、少し休んで、撮った写真をパソコンに保存した。その間にガスタンクローリーの問題は決着がついていた。赤シャツは、朝の6時半にディンデーン・アパートメントの前にガスタンクローリーを置いて爆破させると脅したのである。爆発が起これば アパートメント全部が吹っ飛ぶことになる。怒った住人たちは赤シャツにやめさせようとし、両者の間で小競り合いが起きた。せっぱつまった時に、バットマンの衣装をまとった男性が登場した。彼はおどけた身振りでたちまちみんなの緊張をほぐし、その場はまるくおさまった。馬鹿げた出来事だが、これは赤シャツがディンデーン・アパートメントの住人に広く支持されていたことを示している。だから住民の住むところを吹っ飛ばすことにはならなかったのである。あとでこのアパートメントに住む私の友人は、怒りが収まった後、赤シャツ支持の住人数人は赤シャツ支持をやめたが、他の住人は依然赤シャツ支持のままだったと言っていた。

　ディンデーン・アパートメントというのは遺棄された巨大な市営住宅地で数千人が住んでいるところだが、誰がこの建物の前までガスタンクローリーを持ってきたのかははっきりしない。赤シャツは自分たちの責任ではないと言い、スパイがやったのだと非難する。まったく不可解な事件だった。ガスタンクローリーが2台。1台はディンデーン・アパートメントに、もう1台は戦勝記念塔に近いソイ・ラーンナームにあるキングパワー・ホテルの前に置かれていた。このホテルは、ネーウィン・チットチョープときわめて近い人物が所有しており、4月3日、ホテル前で赤シャツが抗議デモを行なっている。早朝既にホテルの前では民間警護員も配置されて厳重な警備体制がとられており、車の駐車は禁止された。しかし、その場所にタンクローリーは駐車されていた。警備員に気づかれないまま赤シャツがこの場所に駐車させたとはとても考えられなかった。

　一方、この騒乱が続く間、政権を巡る戦いの最前線では、タックシンとアピシットのどちらが海外の支持を勝ち取るのかという珍妙なインタビュー合戦が行なわれていた。両陣営はそれぞれのグローバルネットワークで、タイで起きていることをそれぞれ自分流にコメントしてきたが、そこでこの合戦が起きたのである。アピシットの物腰は冷静で洗練されており、タックシンは多数の死者が出たことを強調したが証拠を示すことはできず、この勝負はアピシットの楽勝のように思えた。

　午後早く私は、再度首相府周辺に行くつもりで家を出た。ちょうど私が家を

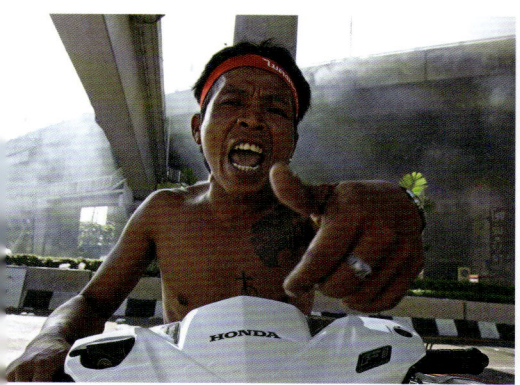

「なぜ俺たちを殺す？ 同じタイ人じゃないか。貧しいけど俺たちにも信じるものはあるんだ」

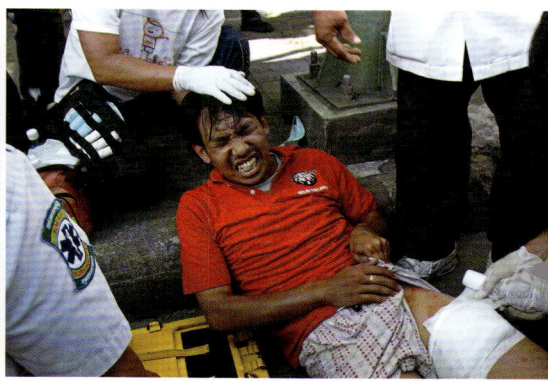

ペッブリーのソイ5でPAD戦闘員に足を撃たれた赤シャツ派。

出る時に、雑誌『デル・シュピーゲル』の特派員ティーロー・ティエルクから電話があり、仕事だと言われた。新しいカメラを買わなくてはならない破目になったが、これで銀行との関係を今以上に悪くしなくてもいい。なんとか赤字にならないですみそうだ。

ヨムマラートの交差点に着いた時、私は脇の小道にいた人にバイクを家の前に置かせてもらえないかと頼んだ。後で取りに戻った時、親切なことにバイクには日除けのこもが掛けてあった。彼らは冷えた水を飲ませてくれ、私に何が起こっているのか尋ね、暴力的な弾圧には失望していると言った。

私はラーマ6世通りとペッブリー通りの交差点に行き、まだ燃え続けているバスと入れ墨をした赤シャツの若者の写真を撮った。彼はシーアユッタヤー通りの交差点に待機している兵士に向かって、「なぜ俺たちを殺す？ 同じタイ人じゃないか。貧しいけど俺たちも信じるものはあるんだ」と叫んだ。

ペッブリー通りを赤シャツの大集団が移動式ステージとともに近づいてきた。すると突然、いくつかの爆発音と騒音が聞こえ、待機していた救急車が直ちに私を追い抜いて、赤シャツの集団の方向に走っていった。私の横を駆け抜けた赤シャツが、ペッブリーのソイ5付近からPADが銃で撃ったと言っていた。私はその場所に行き、怪我人の写真を撮った。弾丸は大腿部を貫通したようで、男は悲鳴を上げていた。

救急車が走り去った後、消防士たちが脇道で消火活動を行なっていた。この脇道には、赤シャツがいくつか物を置いて火をつけ、攻撃を防ごうとしていた

65

第5章 ●バンコク燃ゆ

のだ。大半の赤シャツは既にこの場所から去っていたので、私もここを離れることにした。ひとりでいて、そのへんを歩き回る武装した住民やPADに捕まりたくなかった。軍が来た場合に備えて、私はバイクを赤シャツの集団がいる場所の近くに停めた。

　それから私はすぐ首相府の赤シャツのステージに行き、プラティープ・ウンソンタム・秦に会った。彼女は赤シャツのグループを連れて軍の前線に花を届

【上】ヨムマラートの交差点で燃えるバス。【下】荒れ狂う赤シャツ派が消防士を追い払う。

赤シャツとスラムの若者との間で戦いが起きた。

けるのだと言った。私もついていこうと思ったが、見失ってしまった。高速道路の入り口にある鉄道線路の方角から空に巨大な黒い壁のような煙が立ち上っていた。荒れ狂う赤シャツによってまたバスが燃やされたのだ。それからはもう収拾がつかない状態になった。消防車が到着し、消防士が火を消そうとした。怒った赤シャツは棒で消防士を追い払った。突然、線路沿いのスラム街から若者の集団が赤シャツに攻撃してきた。彼らは、陸橋の上に陣取る赤シャツに向かって石を投げ、銃で撃った。赤シャツは投石と火炎瓶で応戦し、スラム街の住宅の1軒に火を付けた（その時に陸橋の上にいた赤シャツの1人は、後で私に、我々も敵を食い止めるために発砲したと言っていた）。後になって、赤シャツと情報員の両方から、このスラム街は民主党の地盤であり、住人の多くはPAD支持者で、衝突は今回が初めてではないと聞いた。戦いは一進一退を繰り返した。やがて暗くなってきたので、私はここから去ろうと決めた。私はとにかく恐ろしかったのだ。私は戦場カメラマンではなく、1人の父親であり夫なのだ。ここで危険を冒す意味はない。

　ちょうど第11歩兵連隊がヨムマラートへ移動を開始した時、私はバイクを

第５章 ● バンコク燃ゆ

首相府のステージ裏で祈る赤シャツ派
指導者ウィーラ・ムシッカポン。

ナーンルーンの衝突の後、疲れきった表情で
薬きょうを見せる赤シャツ派。

取りに戻り、ステージのあるあたりから数百メートルの距離にあるナーンルーン交差点近くの脇道に止めた。

　私は赤シャツのステージの裏側に行った。その場のムードがどうなのか知りたかったのだ。私は、ロイヤルホテルでチャートゥロン・チャーイセーンが行なう予定の記者会見の準備をしている人たちの横に腰をかけた。何人かが話し合っていた。自暴自棄と崩壊の兆しが感じられた。ウィーラ・ムシッカポンがステージからやってきた。彼は頭に花輪を付け、手に線香を握っていた。彼はリーダーのために用意された狭い場所に行き、祈りを捧げた。私も中に入って彼の写真を撮った。彼はとても静かで、私に、良ければ晩飯をいっしょにどうかと言った。

　チャートゥロンと他の仲間も一緒にテーブルについた。私はこれからどうなるのだろうかと尋ねた。彼らはもう全体を統制することはできないだろうと言った。彼らはうちひしがれた様子で、観念したように「なるようにしかならない」と言った。私は失礼して、自分の仕事に戻った。

　軍が最後の作戦を決行する前に首相府周辺を封鎖する恐れがあるので、私はそこを離れることにした。情報員の友人が封鎖されずに通行可能な道を教えてくれた。私はバイクに乗って赤シャツのデモ隊の中を通り抜け、ラーチャダムヌーン・ノーク通りに出るためマカーワン橋を離れた。このルートはまだ何ごとも起きていなかった。ラーチャダムヌーン通りでは、数台のバスが燃やされていた。私はしばらく友人といっしょに座って見ていた。ナーンルーン地区の方角から銃声が聞こえた。そこでは赤シャツとPAD護衛隊・地元住民との間で激しい戦闘が続いていたのだ。

　それから我々は首都警察本部の裏に行った。怒りを露わにした赤シャツの小

さなグループがそこに集まっていた。彼らはそこから出ていくタイの報道機関の車両を片っ端から攻撃した。メディアの報道があまりに偏っていると感じて、怒り心頭に発していたのだ。不幸にも、彼らの多くは、一般のタイの人同様にタイのジャーナリストも政治状況について意見が別れており、また多くのタイジャーナリストは必ずしもPADや政府の方針を支持していないということを理解していなかった。赤シャツのリーダーたちがデモ隊に、ジャーナリストには危害を加えるなと言ったのに、こんなことをしたので、タイのジャーナリストの多くはもう赤シャツに近づこうとせず、軍と行動を共にするようになってしまった。もちろん、ステージでタイのメディアがPADや政府を依怙贔屓すると非難する演説が多かったのも問題だった。これは真実ではないとは言えないが、不幸にもメディアに対する攻撃という結果になってしまった。この時は、赤シャツ支持者が認知し信頼していた海外メディアと数少ないタイのジャーナリストだけが、赤シャツの陣営の中で安全に活動ができたのである。

　私は、ロイヤルホテルで開催するチャートゥロン・チャーイセーンの記者会見に出席することにした。彼は1976年の虐殺（訳註：1973年の学生クーデタ〈血の日曜日事件〉で海外に逃亡したタノーム・キッティカチョーンの帰国をきっかけに、タムマサート大学の学生を中心とする民主化運動が起きたが、右翼組織と国境警備隊が彼らを襲撃し、多数の死者が出た。その直後、軍によるクーデタが起きて、タイは反共一色に塗りつぶされ、多くの学生活動家が東北タイや北タイの森林地帯に身を潜めた。「血の水曜日事件」とも呼ばれる）のあと森に入った学生活動家で、タイ愛国党が解散される前のクーデタの時は、タイ愛国党の代表代行であった。ラーチャダムヌーン通りから私はバックパッカーの聖地カオサン通りを通り抜けた。そこでは多数のタイの若者や観光客がソンクラーンを祝っており、水を掛けあうドンチャン騒ぎの一団を避けなくてならなかった。それは非現実的な光景であった。2キロ離れた場所では激しい戦闘が行なわれているのに、ここでは何事もなかったようにソンクラーン祭りが祝われているのだ。

　ホテルの制服姿のドアマンが私にどうなっているのかと尋ねてきた。彼らはその日のテレビを見て困惑していた。中に入ると既に数名のジャーナリストがチャートゥロンを待っていた。しかし彼が到着した時、記者会見に出席しているジャーナリストはわずか7、8名にすぎなかった。私はその場に長くいることが耐えられなかった。それは、あまりにも寂しい会見であった。

　私は再度、友人である情報員に会った。その後の数時間、特にすることはな

かった。軍がデモ隊に最後の攻撃を仕掛けるのをただ待っていただけだった。推測や噂話ばかりで、誰も正確な情報を持っていなかった。友人の中に警察官から何か情報を得たという者もいなかった。警察自体が完全に蚊帳の外に置かれていたのだ。最初、私は、ピサヌローク通り側の首都警察本部の裏にいた。ここは、赤シャツが陣営から撤退する時の2つのルートの1つであった。掃討に加わっていない警察官は、この場所の警護についていた。この時、デモ隊の陣地にはまだ4000人程度の人が残っていると推定されていた。デモ隊の小グループが、PADの待ち伏せを恐れ、撤退しても大丈夫かと聞きながら、通り過ぎていった。

　私は最終攻撃があってもここに留まろうと決めた。軍はエリア全体を封鎖した。もしこの場から去れば再び中には入れないと思ったのだ。私は、首都警察本部前で待機した。突然、ホットパンツにハイヒールの女性が現れた。彼女はしゃなりしゃなりと歩きまわり、そのへんに座って休んでいた警官やジャーナリストを大喜びさせた。たちまちその場はシュールな雰囲気になった。物売りの屋台が1台登場した。私は、タバコ1箱と、汗とよごれを拭くため冷たいタオルを数枚買った。そのあと私は、地元住民・PADと赤シャツとの戦闘があった場所を抜けてきた友人と出くわした。彼は、バイクに乗った人々が赤シャツと疑われて、ひどく殴られていたのを見たことや、地元住民かPADの1人がはっきりと殺意を持って、至近距離から彼に拳銃を向けたことなどを話してくれた。幸いにもその男の友人の1人が拳銃を取り上げてくれたという。この話を聞いて、私はそこで写真を撮らないと決めていてよかったと思った。私は赤十字の年次フェアで使用され既に半分取り壊された施設の中で2時間ほど眠った。それから、ロイヤルプラザまで数メートル歩いた。そこにはカンチャナブリーの第9歩兵部隊が待機していたので、私は兵士たちと少し言葉を交わした。

　4時か5時頃、私はピサヌローク通りとナーンルーン交差点に行った。そこではもう銃声は聞こえず、戦闘は収まったように思えた。私は赤シャツ護衛隊数名と話をした。彼らは、友達が何人か引きずられていって殴り殺されたのを見たが、死体は持ち去られてしまったという悲惨な話を語った。私は、赤シャツ護衛隊と彼らが拾い集めたAK-47とM16の薬きょうを写真に収めた。

　夜明けまで軍による攻撃はなく、私は家路についた。2時間半眠り、10時に私はデモ隊の拠点に戻った。シーアユッタヤー通りから入り、首都警察本部でバイクを停めて、ロイヤルプラザから赤シャツの陣営まで歩いた。そこにはま

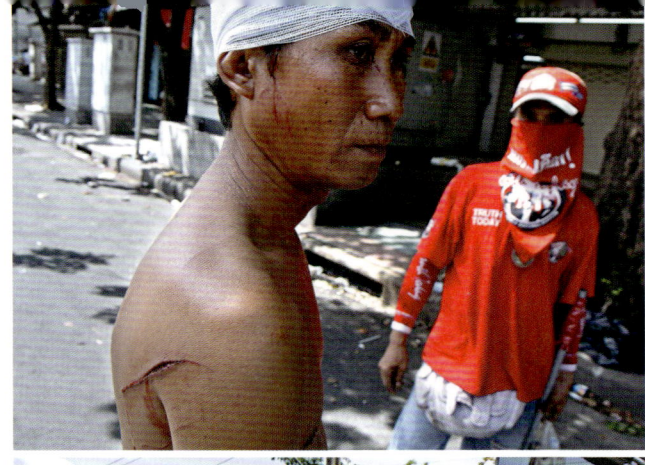

【左】PADの暴徒に捕まり背中を切られた赤シャツ派の男性。
【下】軍の最後の攻撃に備える赤シャツ派たち。

だ約2000名のデモ隊が残っていた。ピサヌローク通りに戻って、私はニルマル・ゴーシュと何人かの仲間を見つけた。我々の考えた計画は、この最前線で待機し、最後の戦闘が開始されたら脇道のどれかに潜りこんで、そこの住民のところに隠れる、それからそっと出てきて、軍と親しくする、というものだった。赤シャツ護衛隊は、もう何が起きてもいいと腹を決めたようだった。私は少しまえにPADの暴徒に捕まったという1人の男の写真を撮った。彼はナタで背

第5章 ● バンコク燃ゆ

中を深く切られ、頭と手に包帯を巻かれていた。

　また1台のバスが燃やされていた。家庭用のガスボンベも1つ火がつけられ、すぐに大きな炎を上げた。住人数名がガスボンベの消火に当たった。我々が隠れようとした脇道の住人は赤シャツに好意的な人たちであったが、住人の安全のためここから出ていってほしいと赤シャツ護衛隊に頼んだ。赤シャツは承諾し、拡声器を持った男が現れて、その地区にいる赤シャツ護衛隊は全員ナーンルーン交差点のバリケードに移動するよう命じた。彼は、ここに残った赤シャツは、みんな「第三者」とみなされて、もう仲間に入れないと告げた。そのあとすぐに軍がこの小道に現れた。住民は軍にも家の安全のために帰ってくれと頼んだ。兵士は小道に大きいブロックを積み上げた。私は小人数の分隊が脇道に入っていくのを見た。

　正午に突然、ウィーラ・ムシッカポンがステージに上がってデモの中止と降伏を告げたというニュースが流れた。軍の攻撃は悲惨な結果をもたらしたと思われたので、私は心の底から安堵した。赤シャツのバリケード付近の小道から小分隊が現れた時には一瞬緊張が走った。私は近づいて空気をやわらげようと

第11歩兵連隊の司令官。アピラット・コンソムポーン大佐。

燃やされた最後のバス。

したが、それは必要なかった。私は分隊の指揮官、アピラット・「プー・カーン・デーン」・コンソムポーン大佐に挨拶された。彼は、スントーン・「ビック・チョット」・コンソムポーン将軍（1991年クーデタの際、スチンダー・クラープラユーン将軍と共に指揮官の1人だった）の息子で、王室護衛隊第11歩兵連隊の司令官であり、タイで最も力があり将来を嘱望されている軍人の1人である。大佐と少し言葉を交わした後、赤シャツは静かになり、分隊はピサヌローク通りからヨムマラートまでを確保した。住人は歩いていく兵士たちに拍手を送った。

　私は、デモ隊の拠点を歩き回った。軍は、もういない。デモ参加者も立ち去り始めた。私は、泣きそうになっている人たちに話しかけた。もう立ち直ったとでもいうようにVサインを送ってくる人もたくさんいた。1人の赤シャツ派の老人が水の入ったボトルをカッターで切り裂きながら呟いていた。「わしらの水だ。兵隊は飲まんだろう」

　ロイヤルプラザの出口で、ウエーン・トーチラーカーン博士が拡声器のあるワゴンの上に立ち、兵士に撤退するように訴えていた。赤シャツはともかく立ち去りつつあった。兵士は彼らの写真を撮り、IDナンバーを記録した。デモ

拘束されたナタウッド・サイグゥア。

参加者はまだ私に勝利のVサインを送ってきた。ロイヤルプラザでは、ピックアップトラックの荷台に立つウィーラ・ムシッカポンとナタウッド・サイグゥアを警察の特殊部隊が取り囲んでいた。ナタウッドは言った。「我々は、生きるために降参した。我々は諦めたわけではない。民主主義を勝ち取るために闘い続ける」。まもなく2人は首都警察本部に連行された。そして、ウエーン・トーチラーカーン博士も続いた。彼は階段を上がる時、新聞記者に向かってVサインを見せた。

　私は、帰宅した。

　午後、電話があった。民主記念塔付近のプラチャーティッパタイ通りで小規模の赤シャツの集まりが解散させられたが、参加者の1人が撃たれて死んだということだった（のちほど、この人は怪我をしただけだとわかった）ので、私は現場にむかった。

　赤色のTシャツを脱いでサナーム・ルアンに撤退していた数百名の赤シャツ支持者がそこに集まってきていた。みんなものすごく感情的になっていた。フラストレーションを爆発させて叫び、泣いている人もいた。彼らは、死亡したと思われている仲間の写真をコピーして配った。警官が現れたが、それ以上事

ウエーン・トーチラーカーン博士も首都警察本部に連行された。

態を悪くしないように、すぐに後退して、距離をおいた。

　数名の西側のジャーナリストと『ザ・ネーション』のプラウィット・ローチャナプルックがいた。タイの報道写真家も1人いたが、彼は襲われないかととても怖がっていた。悲しいのは、彼は赤シャツの政治目的に共感しているということだった。しかし、この状況ではデモ隊はもはやジャーナリストの選別などできない――タイのジャーナリストは敵で、西側のジャーナリストは歓迎ということだけだ。そのあと、『タックシン　あなたはどこに？』を著した有名なムアット・チアップが現れた。彼女は泣いていた。そしてデモ参加者と抱き合った。私は疲れ切って、そのあとすぐに帰宅した。

　その夜、私に赤シャツから電話があった。電話主は、ナワミン通り近くのラートプラーオ・ソイ71の寺院への道順を教えてくれた。彼らはそこで亡くなった赤シャツの遺体を火葬するというのだ。私がその寺の近くに着いた時、何人かの赤シャツがいた。彼らは暗い路地の奥にある寺を示し、十分気をつけるようにと言った。既に道の隅にはISOC（国内治安維持作戦司令部）と思しき連中がうろついていた。私はバイクに乗ると、数人の武装兵士に警備されている寺院の入り口を通り過ぎた。右に曲がって住宅地に入ると、1台の車がつけてきた。

私は一目散に逃げた。その晩、言われていた葬儀がそこで行なわれたのかどうか、私には知る由もない。

第6章
闘いが過ぎて

　その次の日から数日間、午後遅くなると、サナーム・ルアンには、うちひしがれ、怒りに身を震わせた人々が集まり、情報機関の連中が厳しく監視する中で、ここ数日の出来事について話し合った。非常事態宣言は5人以上の集会を禁じて人々の力を殺ごうとしているが、彼らはこの決まりには抵触しないように、小さなグループで集まり、人数が増えれば分裂して、また再結集するというやり方をとっていた。僧侶も何人か来ていた。ある僧侶は歩き回り、人々の話に耳を傾けて、静かに語り合っていた。またある僧侶は仏教の教えと民主主義について説教を行なっていた。そんな中で、忘れられない光景がある。ディンデーンの襲撃で早朝に殺されたと思われる僧侶の弟子の男が、僧侶が持って

サナーム・ルアンで仏教と民主主義について説教をする僧侶。

ディンデーンの襲撃で殺されたと思われる僧侶の袈裟を見て悲しむ男たち。

いた袋の中身をその場に広げると、袈裟が出てきたのである。彼はその袈裟の側に座り込んでしまい、僧侶を悼む言葉をつぶやいた。何人もの人が集まってきて、彼を取り囲み、それを聞いた。そして突然、1人の若い男が初めてその僧侶が殺されたと知って、膝を折り、泣き崩れたのである。その姿は今も私の心に焼きついている。

　軍と警察の厳しい掃討の強化は、赤シャツにとって大変厳しい結果となった。「アムマータヤーティッパタイ（保守エリート層の支配）」に加え、「ソーン・マートラターン（ダブルスタンダード）」が、この年の新しい流行語となった。赤シャツは、自分たちがあまりに厳しく不公平に扱われていると感じた。政府と軍は、兵士はデモ隊に向けて実弾は発射しなかったと言っているが、これはもちろんまやかしである。兵士があちこちから撃った弾丸でできた穴の写真はいやというほどあった。数百メートルの距離から撃たれ私の頭上2〜3メートルの木の葉を通り過ぎた弾丸は、私の想像の産物ではない。早朝のディンデーン三叉路。私たちが身をかがめながら兵士から走って逃げていた時、タイの新聞記者は右隣にいた赤シャツのデモ参加者が右肩を銃弾で打ち抜かれるところを目撃したという。私は兵士たちがM16ライフル銃に標準装備である5.56NATOカート

リッジを装塡しているところを見た。またネットの動画サイトにもこのシーンがアップロードされた。赤シャツは参加者数名が殺されたと言い、政府はこれを否定した。これまでデモ参加者が殺されたという証拠は出てきていない。しかし、数百名ということはないだろうが、何名かのデモ参加者が殺されたことは大いにありうると思う。事件直後に怪我人の人数を報道することはメディアにとって大変難しい。『プラチャータイ』の記者たちはいくつかの病院で病棟に近づくのを拒否されたが、なんとかもぐりこんだ。そして、ようやく銃で撃たれた怪我人4〜5名に近づくことができた。その多くは拳銃で撃たれたものだった。しかし、得られた情報は矛盾が多く、正確な怪我人の数も怪我の原因も特定することが不可能だということがわかった。病院のスタッフも情報提供にはあまり協力的ではなかった。数ヵ月後赤シャツは、ディンデーンの早朝の襲撃で撃たれたという2人を証人として公表した。1人は拳銃で膝を撃たれていた。もう1人は弾丸が上腕を貫通しており、入った穴は小さく、出た穴は筋肉組織を大きく損傷させていた。暴動の翌日、チャオプラヤー川に手を縛られた2つの死体があがった。2人とも警備員であることが確認された。彼らは赤シャツのデモ参加者もしくは護衛隊員であるという声があったが、政府はそれを否定した。2人の家族もそれを否定したが、圧力があったという声も聞かれた。アピシット首相は海外要人との会話の中で、自分が知る限りでは4月13日まで彼らはまだ生きており、軍隊は14日の夜には何も行動していないので、彼らが政府により殺されたことはありえないと言ったと報じられた。しかし、警察の情報員は、彼らは赤シャツの護衛隊に間違いないと言っていた。

　政府官僚は朝の戦闘で4人の兵士が赤シャツの銃弾で怪我を負ったと発表したが、私にはそれを裏付ける証拠を見つけることはできなかった。私の情報源である軍と警察の情報員は、それはありえないと断言している。しかし、早朝の衝突で赤シャツが拳銃を撃ったというのは、目撃者の証言もあるので、可能性は十分ある。実際何があったのか、大半は不明のままだろう。決定的な映像もない。早朝の攻撃の時に軍の前線にいた人たちに尋ねたところ、全員が口を揃えて軍には規律も秩序もまったくなかったと言っていた。この衝突で非難を免れないのは、攻撃がなぜ昼間ではなく早朝暗いうちに始まったのかということだ。昼間ならば、双方とも被害はもっと少なかったはずだ。

　もう1つ、はっきりしないのはナーンルーンとサパーン・カーオでの戦闘についてである。私はそれから数ヵ月、ここで起きたことの情報を集めた。政府

の正式な見解は、地元の住民がこの地域を赤シャツの攻撃から守ろうとしたというものだった。しかし、事実はそんなに単純ではなさそうだ。私の得た情報では、地元住民と言われている人々の大半はPAD護衛隊と民主党地盤の地区のごろつきで、彼らは4月13日以前から赤シャツ隊と何度もぶつかっていた。民主党の2人の幹部がこの日の午後、ここで彼らに金を渡して話している姿が目撃されている。それを撮った写真はないが、警察筋からの情報である。戦いの発端は赤シャツがバスを突っ込み、それに火をつけようとしたことのようだが、地元住民は市場と住居が灰になることを恐れたのである。そして最初、赤シャツの形勢が不利になった時、カッティヤ・「セート．デーン」（赤い参謀）」・サワッディポン少将が応援部隊を送り込んだ。カッティヤ少将は、2008年に「タークシン王の戦士」（訳註：UDDの戦闘集団）を組織し訓練を行なった人物である。戦闘には制服を脱いだ警察官が加わったと言われ、2人の地元住民――ポム・ポンパンブア（50歳）とユッタカーン・チョイチョイチョート（18歳）は彼らに撃たれて死んだのだとみんな思っている。しかし、赤シャツ側と情報筋の多くの目撃者は、数名の赤シャツも同様に殺され、死体は運び去られたと述べている。私には犠牲者の正確な数はわからないが、聞かされた数は両陣営においてそれぞれ3人から1ダースまでに及ぶ。このことに関して完全に調査を行なうことはほとんど不可能であろう。赤シャツが手ひどく殴打されているところや地元住民が弾丸をよけているところを撮った写真はあるが、フィルム映像はほとんどない。デモに参加した人も見ていた人もみんな、戦闘が敵も味方も区別できないほどに混乱し、野蛮だったと言っていた。

　赤シャツが地元住民を襲った事件として何度も報じられたもう1つの事件は、その日の午後、ペップリーのソイ5とソイ7でモスクが赤シャツによって破壊されたというものだ。しかし、事実は、ラーチャプラーロップ通りとマッカサン地区から撤退していた赤シャツのほうが先にソイ5の中から撃たれたのである。赤シャツ数名が怪我を負った。赤シャツはそれ以上の攻撃を防ぐためソイの中で物を燃やした。ペップリー通りのちょうど反対側にあるバンコクで一番古いイスラム・コミュニティ、バーンクルア地区近辺はPADと密接な関係にあった。コミュニティのリーダー、サーロート・プーアクサムリーは、PADのリーダーでもあったのである。ペップリー通りソイ5とソイ7はPADの支持基盤で、PADの弁護士ニティポン・ラムルアもここで写真を撮られている。

　赤シャツもまた、戦闘の過激化を助長したと見なされる大きなミスを犯した。

彼らは、政府を打倒することができると自分たちの力を完全に買い被り、政府と軍の徹底弾圧の決意を過小評価していた。そして、過激に走るデモ参加者を制御できず、その行動は暴走する兇徒というイメージとなり、当然、政府とほとんどが政府を支持するタイのメディアに排撃されることとなった。

　闘いが過ぎて、両陣営とも勝手に動き出した。政府や軍は、デモ隊には実弾を発砲しなかったという（時には矛盾した）主張を繰り返し、青シャツについては、嘘や半分本当のことを述べたりした。アピシットは、『フィナンシャル・タイムズ』のインタビューで、パタヤの青シャツは「地元民、ボランティアなどの人々」で、民主党のメンバーは関わっておらず、あの事件は完全に解明されるだろうと語った（なにも解明されなかった）。赤シャツ指導者で下院議員のチャトゥポン・プロムパンは、国会において、バスを燃やしたのは赤シャツではなく、赤シャツに変装した青シャツの仕業だと述べた。これを聞いて怒った赤シャツが別のリーダーに、バスを燃やしたのは自分たちで、自分たちに青シャツのレッテルを貼ってほしくないと言ったという珍妙なオチがついている。情報筋によれば、この市内バスは、赤シャツを支持するバスの運転手からデモ参加者に引き渡されたという。外国メディアのインタビューで、ある人物が、指揮を間違った赤シャツのリーダーは、人権委員会前コミッショナーで元タイ共産党メンバーのチャラン・ディットーピチャイであると語っている。

　赤シャツリーダーのチャカラポップ・ペンケーは、騒乱最後の日に姿を消し、逮捕から逃れた。BBCとのインタビューで、彼は政府に対する武力抵抗を今後も実行する可能性をほのめかせた。このインタビューにより、警察はバンコクのBBC職員を訪ねて彼の居所を聞き出そうとした。チャカラポップ（現在も逃亡中）と他の赤シャツリーダーの関係は、その後の数週間、数ヵ月の間に戦略に対する見解の相違から気まずくなった。その後、6月に、スラチャイ・ダーンワッタナーヌサン（スラチャイ・セーダーン）がチャカラポップと共に、独立系の「6月24日グループ」と連携して、人数は少ないがイデオロギー的にはより革新的な分派、デーン・サイアム（赤シャム）を組織した。デーン・サイアムは、UDDの赤シャツ主流派「デーン・タン・ペーンディン（故国の赤）」からは幾分離れているが、共通するところもある。チャカラポップ派と「6月24日グループ」は、まだビックCラートプラオ・デパートにある赤シャツ本部に事務所を持っている。そしてチャカラポップはまだ赤シャツの出版物に寄稿している。デーン・サイアムの集会に参加する人々の多くはまた、デーン・タン・ペーンディ

ンの集会にも参加している。

　赤シャツ指導者層の中核の人たちは逮捕されたが、多くの告訴事項については保釈金を積んで保釈された。チャカラポップは国外に逃げた。逮捕状が出ているのかどうかわからない他の赤シャツの指導者たちは、抵抗運動の最終日以降、目立たないように身をひそめている。1970年代に何年か森にいたチャラン・ディットーピチャイは、ディンデーンでの赤シャツの小さな集会に顔を出した時、「ちょっと潜っていた」と言っていた（訳註：「1976年10月の大虐殺」により警察に追われた民主活動家の学生が北部山岳地帯に逃げ込み共産党と合流、行動を共にしたが、1982年、政府の特赦の呼びかけに応じて投降している）。赤シャツの拠点、テレビのチャンネルD局や全国にある数多くのコミュニティ・ラジオ局は閉鎖され、機材も押収された（すぐに返された）。そして、多くのインターネットのウェブサイトはブロックされるか閉鎖された。大半が熱烈な赤シャツ支持のバンコクのタクシー運転手はそれまでよく話してくれたが、弾圧以降、政治については口をつぐみ、おびえているように見えた。彼らが以前のように遠慮なくものを言うようになるまでには数週間を要した。赤シャツは、完全に混乱の中にあるように見えた。

第7章
ソンティ暗殺計画

　2009年4月17日の早朝、突然事件が起きた。ソンティ・リムトーンクンがスコータイ通りにある自宅からプラアーティット通りの事務所まで車で移動中、サームセーン通りで暗殺されそうになったのである。報道では、襲撃犯の乗った1台のトラックがソンティの車の行く手を阻み、自動ライフルの弾丸が100発以上撃ち込まれたという。目撃者によると、さらに車が1台現れ、トラックが去るまでの間、両サイドから交互に撃ち込んだという。現場付近の近くの市バスの中からは、不発の手榴弾が発見されている。ソンティは頭蓋骨に弾丸の破片が食い込み、ボディガードは死んだ。運転手は重傷だったが、容態は安定している。この暗殺未遂事件については、様々な臆測が流れた。多くの人は、ソンティ自身が仕掛けたのか、素人がやったのかのどちらかであると思っているが、私はどちらでもないと考えている。殺さずにまた障害者にすることでもなくソンティの頭蓋骨に弾丸の破片を残すような演出は、暗殺よりも難しく、ありえない。さらに、現場に設置されていた防犯カメラを

4月17日、ソンティ・リムトーンクンの車が襲撃され、100発以上の銃弾が打ち込まれた。座席には運転手とボディガードの血痕が残っていた。

破壊する行為などは、プロの手口である。ただ犯人は、少数のカメラを見落としたため、犯行に使用した車を特定されるミスを犯している。彼らは、非常事態宣言がまだ実施中で、兵士が現場の両サイド数百メートルのところに配備されている中で、襲撃を実行し、首尾よく逃亡している。我々は、襲撃について捜査当局や被害者が伏せている事実以外にまだ何かが出てくる可能性を否定するべきではないだろう。

　襲撃後初めての記者会見で、癒えたばかりの傷を見せながら、ソンティは襲撃について責めを負うべき軍内部の分子について言及しながらも、タイ語特有の微妙な表現を可能な限り駆使して、襲撃の陰に他の誰かがいるということを匂わせる複雑な主張を展開した[1]。ソンティが微妙な言い回しで告発したあと、メディアの推測は王宮内部のターンプーイン・ウィラヤー・チャワクン（訳註：ターンプーインは叙勲平民女性の尊称）に集中したが、彼女は関与について強く否定した[2]。

　余談であるが、記者会見の中で私が赤シャツとPADがいつの日か協力する日が来るか尋ねた時のソンティの回答も意外なものだった。彼は、いつかPADの中で変化が起こるだろう、そして赤シャツは既に、私がかつてきめつけたような金だけのために動く連中ではなく、ある程度の容認を得ていると指

5月3日、暗殺をまぬがれたソンティが初めて記者会見に臨んだ。

摘したのである。彼は「それはいい質問です」と言った。「黄色も赤色も求めているものは非常に似ている。それは変化です。ただ違うのは、我々がその変化を成し遂げた時、新しい政治をどうするかということです。それが黄色と赤の違いです。なぜなら、赤は基本的にすべてをタックシン氏のために行ない、我々はすべてを国のために行なうからです[3]」

　7月、襲撃に使われたトラックの所有者として、特別戦闘部隊の将校、ルットミー・メークチャーイが特定されたあと、3人の容疑者の名前が発表された。1人目のパンヤー・シーヘーラー曹長は、ロッブリー基地の特別戦闘センターのエリート兵士。2人目は、彼の上官の大佐スナイ・プラプーチャネー、米国フォート・ブラッグ基地の特別戦闘コースの卒業生で、ISOC（国内治安維持作戦司令部）に勤務していた。3人目は、警察伍長ウォラウット・ムンサンティで、タイ王国警察麻薬取締局の将校である[4]。8月には、4番目の容疑者名が明らかにされた。ソムチャーイ・ブンナーク曹長で、パンヤー・シーヘーラー曹長と同じ部隊に勤務していた。パンヤー、ウォラウット、ソムチャーイの3名に対して逮捕状が出されたが、彼らは地下に潜って姿を消した。警察高官たちは、非公式にだが、うんと上のほうから捜査に大きな圧力がかけられており、襲撃の背後にいる黒幕にまで到達できるか疑問だと私に語った。これまでのところ、事件は未解決のままである。

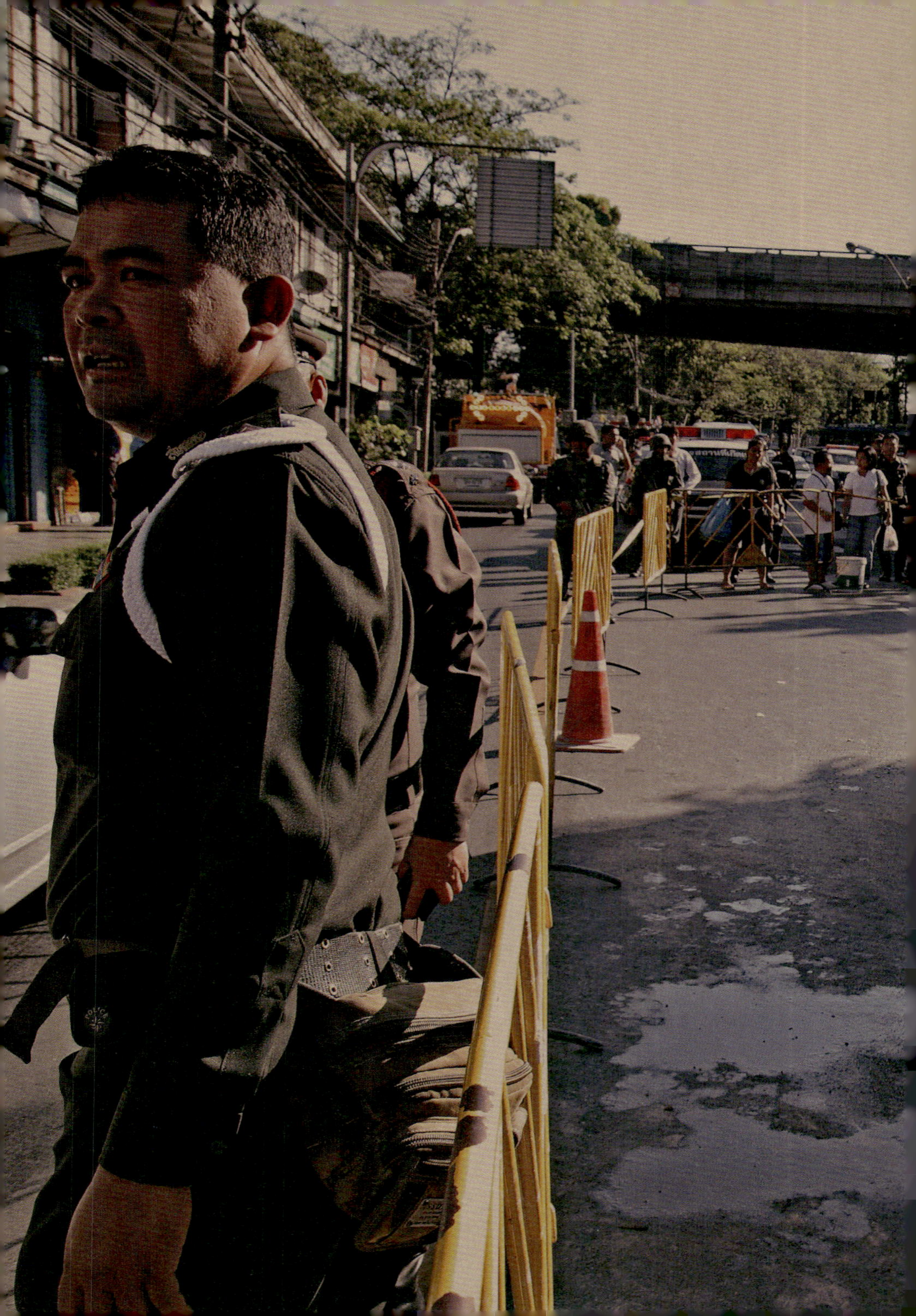

第8章
赤の攻勢

　非常事態宣言が解除された2009年4月24日、赤シャツは、武力衝突が起こったサナーム・ルアンの集会以来初めてとなる公開集会を翌日に開催すると発表した。この集会は小規模なグループ「6月24日グループ」が主催した。彼らは赤シャツの対決戦略を時期尚早として支持しなかったので、ソンクラーン暴動の前も暴動の最中もまったく注目されなかった。彼らは、まだ戦いの準備はできておらず、自分たちに対する暴力的な弾圧を招くことになると恐れていた。そして、実際そのとおりになったのである。彼らの小さなステージは、通常1000人から2000人、最大でも3000人の参加者を集めるものであった。その夜集まってくる人の数は、赤シャツの運動は打倒されたのか、それとも弾圧に

4月25日、武力衝突以後、最初の集会。衝突の犠牲者を悼んで涙を流す赤シャツ派の人々。

サナーム・ルアンの集会を見つめるタックシンの広報担当、ポンテープ・テープカンチャナー。

よって一時的に後退したにすぎないのかということを測る指標となると思われた。集会には、およそ7000人の参加者が再び赤シャツを着て現れた。タックシンの広報官であるポンテープ・テープカンチャナーも集会を見つめていた。弾圧のフィルムがビデオで流され、ステージでは死亡したとされるデモ隊の人々に対する非常に情動的なセレモニーが執り行なわれた。怪我を負ったデモ隊の人々もステージに上がった。このイベントは、赤シャツがまだ支持者を失っていないこと、彼らは1度負けただけだったということを明らかにした。

　5月6日のイベントも、「6月24日グループ」の指導者、ソムヨット・プルックサーカセームスックが主導し、首相府まで抗議のデモ行進が行なわれた。このような小規模のデモには通常200人から300人ほどしか参加しないが、この日はそれよりずっと多く、1000人から2000人もの人を集めた。『バンコク・ポスト』紙の報道は首をひねるもので[1]、デモの参加者は予想を下回り、早々に中止しなければならなかったと述べている。

　5月9日、赤シャツは、バンコクから北に3時間の都市、ロップリーで集会を開いた。地元の警察官は、ここでの集会は通常500名程度だが、今回はおよそ1500名が参加したと言っていた。

　赤シャツの大規模な攻勢に対抗して、政府はすぐに、タイ国の結束は保たれているということを海外と自分自身に確認させる大規模なイベントを実施しようとした。ちょうど5月5日の国王戴冠記念日が好都合だった。内務省はこの日、ラーチャダムヌーン通りとロイヤルプラザ周辺に30万人を動員することを目

標とした。赤シャツがDデイに動員した人数を超えることが狙いだった。地方の人々がバス5000台で動員された。分担が決められ、バンコク市内の警察署は1ヵ所につき100名を動員することが求められた。軍と政府官庁も同様の割り当てがあり、兵士には参加のための特別手当てまで支給された。誰も出席を直接命令されることはなかったが、社会的な圧力があった[2]。しかし、最終的に、このイベントはあまり活気のない催しとなった。10万から15万の人々が参加したが、公式行事の部分が終了するとほとんどの参加者は帰宅した。政府の発表人数は、当然ながら、30万だった。

さらに政府は、平和と結束をテーマとした大衆動員キャンペーン──白シャツ隊となって「タイを守れ」[3]──を実施した。バンコクでの行進では、21の団体、軍高官、プラチャーティポック王協会（訳註：1932年の立憲君主革命時の国王ラーマ7世の生誕100年を記念して設立された協会）の事務総長ボウォンサック・ウワンノー、首相府相サーティット・ウォンノントゥーイ、バンコク銀行頭取チャートシリ・ソーポンパニットなどの著名人などが参加した。しかし、彼らは2009年5月4日の1日だけ集会に参加したようで、いつのまにか話題には上らなくなった。少なくともその後「白シャツ」の名前を聞くことはなかった。

さらにISOCの作戦の一環として、4000名の兵士がソンクラーン暴動について「説明」し「誤解を解く」ために地方に送られた[4]。

5月10日、赤シャツは、弾圧以降最初の大規模集会をバンコクに近いノンタブリー県にあるワット・パイ・キアオ（ワット・ウェールワナーラーム）寺

5月10日、ワット・パイ・キアオでの赤シャツ派集会。

院の広場で開催した。これは、今年の異常なモンスーン豪雨に悩まされた多くの集会の最初のものとなった。広場は冠水して泥だらけになったにもかかわらず、1万人を超える人たちが熱狂的な雰囲気の中で最後まで残った。弾圧のショックは消え去り、赤シャツは以前の活気を取り戻した。

　5月19日、バンコク北部地方裁判所は、4名の赤シャツに対して、ソンクラーン暴動の時に行なった道路封鎖の罪で、罰金と3ヵ月の拘留を言い渡した。翌日の2009年5月20日、民事裁判所は、2008年に首相府占拠を行なったPADの中核的指導者に対する訴訟を棄却した。理由は、PADは既にそこから退去して、周辺道路の交通の妨げになる物も撤去していたからというものだった。

5月17日、インターネットでライブ中継された赤シャツ派の民主記念塔へのデモ行進。

第9章
新政治党

　PADは、幹部内での多くの話し合い、討論、論争を経て、2009年5月24日、ランシット大学の会議で、活動を抗議運動から議会政治に移していくためPAD自身の政党「新政治党」を設立することを決定した。しかし、「新政治党」といっても、それは彼らの運動の議会内支部のようなものでしかなかった。[1]

　5月25日、タムマサート大学のランシット・キャンパスのスポーツスタジア

タムマサート大学ランシット・キャンパスのスポーツスタジアムで新政治党結党を祝うPAD。

ムで、PADは新政治党結成を景気よく祝った。約3万人のPAD関係者が出席した。全国の支部から集まった多くの人たちが、民族衣装や伝統衣装を身に着けて、愛国主義を誇示しながら、何時間もかけてスタジアムまで行進した。王室の過去の写真、現在の写真が掲げられた。タックシンを罵り、赤シャツはタックシンに金で買われた手先だと嘲るグループもいた。タックシンとその側近のぬいぐるみをかぶったPADメンバーが、おもちゃのお金をばらまいた。しかし、彼らの政敵に対する批判は以前よりはやわらいでいた。会場はお祝いの雰囲気に包まれ、PADの護衛隊は首相府占拠時ほど武装姿が目立つことはなく、クーデタ前のイベントの時に戻ったようだった。我々ジャーナリストも、いつもはPADのVIPへの接近を阻止する「シーウィチャイの戦士」(PAD護衛隊の精鋭部隊)の連中がいなかったので、とても簡単に彼らの話を聞くことができた。

　ステージに上がった多くの人の中で、有名なプロテスト画家であるワサン・シティケートは詩を朗読した。ソンティ・リムトーンクンの息子、チッタナート・リムトーンクンもスピーチを行なった。2008年10月7日（訳註：PADが国会議事堂を封鎖して、当時のソムチャーイ・ウォンサワット首相の施政方針演説を阻止。警察がPADを強制排除し、PAD支持者が2名死亡した）、催涙ガスで被害を受けた多くの人もステージに登場した。5名の中核指導者全員が政党カラーの明

新政治党のシンボルカラーのシャツを着たPADの中核指導者5人組。

2008年のイベントを再現した大掛かりな音楽ショー。

るいネオングリーン（訳註：蛍光黄緑色）のシャツに身を包んで出席した。その中には、怪我から完全に回復したソンティ・リムトーンクンもいた。彼は重装備のボディーガードを引き連れ、制服の警察官にも警護されていた。

　夕方、激しい雨の中、フィールドではライトに照らされ、多数の出演者による大掛かりな音楽ショーが開催された。それは2008年の多くのイベントの再現だった。そしてソムサック・コーサイスクが議長となって新政治党設立の可否を問う「投票」が行なわれた。彼が、政党を結党することに賛成する人はいますかと尋ねると、当然ながら、スタジアムに集まった全員が提案を支持し、熱狂的に拍手した。彼が誰か反対の人はいますかと聞くと、会場は静まり返った。5名の中核指導者は、ステージで喝采を受けた。

　ソムサック・コーサイスクは暫定の党代表となったが、最終的に2009年10月6日、ソンティ・リムトーンクンが正式に党代表に選出された（以前彼は、政界に進出する野望はなく、国民・宗教・君主――近代タイ国家はこの3つの柱で規定される――を守ることが唯一の任務であると述べていたはずだった。この時の投票用紙には1人の名前ソンティ・リムトーンクンしか書かれていなかった）[2]。5月24日、25日に行なわれた選挙結果は、PADメンバーの圧倒的多数がソンティを党代表に望んでいることを示した。彼は投票の53.61％を獲得し、他の中核指導者が残りの票を分け合った[3]。党のロゴの選定では、ナチスのかぎ十字に似ているということで論争が起きた。

　6月21日に行なわれた東北のサコーンナコン州での補欠選挙は、ネーウィン率いるタイ名誉党とタイ貢献党（訳註：タックシン派野党）の闘いとなり、有効投票率70％という異常に高い投票率を示した。ネーウィンもタックシンもそれぞれの党の後ろで睨みをきかせたが、結局、連立政権のパートナーであるタイ名誉党は手ひどい敗北を喫することになった。いまや、かつてのタックシ

【上】6月27日、サナーム・ルアンの赤シャツ派集会。
【右】PADの銃撃による傷痕を見せるマニット氏。

ンの盟友、ネーウィン・チットチョープに東北タイをタックシンとタイ貢献党の手から奪取させるという政府と軍の戦略が完全に失敗したのは明白だった。6月28日のシーサケート県の補欠選挙でもタイ貢献党は圧勝し、タイ国民発展党（訳註：連立与党）の議席を奪取した。

　6月27日、赤シャツはサナーム・ルアンでまた大規模集会を開催し、2度の豪雨で中断しながらも、約3万人の出席者を集めた。私は、2008年12月6日ウィパーワディー・ソイ3のPADの襲撃で腕を撃たれたマニット氏と再会した。彼は2つの病院で応急治療を拒否され、もう少しで腕を失うところだった。今は治癒したものの、大きな傷が残っていた。その集会の数日前、ステープ・トゥアクスバンがいわゆる「タックシンの第2計画」についての声明を発表した（最初にPADのスポークスマン役のオンラインTV、ASTVで報じられた）。声明の中でタックシンはアピシット政権を転覆させる暴動を計画していると非難されていた。

ステープは、兵士たちは警察を応援するだろうし、もしデモ隊が暴徒化したら私はISA（国内治安法〈訳註：スラユット・チュラーノン暫定政権時に制定された。戒厳令、非常事態宣言を出すまでには至らないが長期的に治安維持が必要と思われる事態に対して出される。人権侵害を起こす可能性は、非常事態宣言、戒厳令と比較して低い〉）に訴えたいと述べ、法を破った者には法的措置がとられると警告した。赤シャツ指導者チャトゥポン・プロムパンはこれに応じ、逆に、政府と軍は寺院やモスクを爆破して、赤シャツのせいにすることで赤シャツに打撃を与えるという策略を立てていると非難した。

7月12日、厳しい警備の下、アピシット首相は、ネーウィンが押さえているブリーラム県を訪問した。地元の人たちは首相を冷めた態度で迎えたと報じられている。青シャツがまた出てきた。彼らは200余名の赤シャツを7時間にわたって取り囲み、抗議活動を阻止した。青シャツは、赤シャツにブリーラムの人々に謝ることを強要した後ようやく解放したと報じられている[4]。アピシット首相の最初の東北部訪問に対するメディアの反応は興味深い。しばしば政府、PAD寄りと批判される英字新聞の『ザ・ネーション』は、「熱烈歓迎　ようこそ首相」という見出しを付け、青シャツのことは完全に無視した[5]。『バンコク・ポスト』の記事はもっと中立的だった。タイ語新聞『タイ・ラット』のコラムニスト「鉄拳」は訪問を酷評した（"アピシット氏はとても首相には見えない"）。『マティチョン』紙の社説は皮肉たっぷりだった（"首相のまわりに大掛かりな警戒線を敷くことと村人たちを説得して彼のスピーチを聞きに来させることに多くの金が投入された"）。

7月16日、ロイヤルタイ警察スポーツクラブで、前年の空港閉鎖と占拠、およびテロ活動の嫌疑に関して警察の呼び出しを受けたPADの指導者たちがそのことを報告したが、1500名のPADメンバーは数時間にわたってこれに抗議の声をあげた。PADは、前年の抗議活動は国民が集会をする権利を認めた憲法に則ったものだと主張した。空港当局が空港閉鎖の指示を出したのであって、PADは空港を閉鎖した責めを受ける理由はないというのが彼らの主張だった。こうなる前にPADは逆に、警察とアピシット首相を職権乱用で訴えていたが、裁判所は直ちに棄却している。さらに、カシット・ピロム外務大臣も空港占拠について警察から訴えられ、あれこれ言われて辞任要求に繋がることになった（訳註：カシットは「空港占拠は楽しかった。食事は最高、音楽も最高」と発言した）。カシットは昨年11月30日にスワンナプーム空港のステージで「自分の

意見」を述べているのだが、私はPADのただのシンパにすぎないと弁明している。しかしながら彼は、2008年のタイ国外国人記者クラブのパネルディスカッションではPADの事実上のスポークスマンとして登場し、同時にまた当時野党であった民主党のシャドー・キャビネットの外務大臣でもあった。このように当時「2つの役」を演じていたことを彼は認めている。PADの指導者たちは弁護士を通じて嫌疑を認めることを拒み、警察に圧力をかけて裁判手続きと罪状の審議の遅延を図った。現在までのところ、なにも決まっていない。

　7月17日、18日、コーン・チャーティカワニット財務大臣のチェンマイ訪問に抗議する赤シャツと警察の間で小競り合いが起こった。警察が未登録の拳銃をラジオ局のDJの車から発見し、彼を逮捕した。7月6日にウィッタヤー・ケーオパラーダイ厚生大臣が訪問した病院から追い出された時にも、赤シャツと警察の間で小競り合いが起きていた。

7月16日、ロイヤルタイ警察スポーツクラブのPADデモ参加者。

第10章
タックシンの誕生日

　次に赤シャツがその強さを見せたのは、2009年7月26日に行なわれたタックシンの誕生日のイベントであった。当初、赤シャツは記念行事のメイン会場としてサナーム・ルアンを使いたいと思っていたが、バンコク都知事スクムパン・ボリパットにより断られた。理由は、法律で「サナーム・ルアンは王室と国の行事、政府の活動、重要な文化的フェスティバルのみに使用される」と定められているというものであった。また1つ、政府と赤シャツの対立が始まったが、タックシンは赤シャツにサナーム・ルアンでのイベントを中止するよう求めた。タイ全土で、祝賀行事の準備が進められた。バンコクとその周辺ではメイン会場として3つが選ばれた──ノンタブリーのワット・ケーオ・ファー、ワット・ウタイターラーム（ワット・バーンカピ）、そしてバーンナーのマンコン・ルアン（ロイヤルドラゴン）レストランでの中華料理の晩餐である。

7月25日、トンブリーのタークシン王記念塔で行なわれた赤シャツ派の前夜祭。

7月26日、ノンタブリーのワット・ケーオ・ファーでのタックシン誕生日イベント。

　私は最初、午前9時にワット・ケーオ・ファーを訪れた。数千人のタックシン支持者が集まっていた。イベントは、前首相のソムチャーイ・ウォンサワットと彼の妻であるタックシンの妹ヤオワパーがホストを務めた。タックシンを守護し、敵が彼に掛けた呪いを解くことを目的とした手の込んだ宗教儀式が沢山行なわれた。たとえば、PADとそのほかの敵からかけられた呪いを解くため、4つのボウルを机の上に伏せ、4人の僧侶が経文を唱えた後、ボウルを元に戻すという儀式が行なわれた。これは魔力を取り除くことを示すものである。

　ソムチャーイ・ウォンサワットが数頭の雄牛に草をやろうとした時、面白いことが起きた。雄牛の1頭が赤シャツを着た大勢の人を見て興奮し、逃げ出し

タックシンの妹、インラック（左）とヤオワパー。

たのである。私は突進してくる雄牛から逃げるためイスをいくつか飛び越えなくてはならず、一瞬自分がスペイン、パンプローナの牛追い祭りのさなかにいるような気分になった。寺院での行事はタックシンの電話参加により幕を閉じ、みんなで「ハッピーバースディ・トゥ・タックシン」を歌った。

マンコン・ルアンの晩餐会。

　午後遅く、どしゃ降りの雨の後、私はマンコン・ルアン（ロイヤルドラゴン）レストランのあるバーンナーに向かった。それは、瓦葺き屋根に回廊、池と高い塔などの中国式寺院のスタイルを取り入れた巨大なレストランだった。可愛い女性の受付嬢とビア・ガール、ローラースケートを履いて走り回るウエイターが大勢いた。1テーブル5000バーツ、1席500バーツの会場はすべて事前に完売されていた。主催者側は少なくとも数十万バーツの損は計算の上なので、食事代はうんと安くしたと言っていた。出席者には、大勢のタイ貢献党下院議員、映画スター、歌手、そしてヤオワパーとインラックを含めタックシンの家族がいた。私は残念ながら食事にありつくことができなかった——私の同僚が飢えた狼の如くごちそうをかっさらってジャーナリストのテーブルに持っていったからだ（ステージの後ろですばらしくおいしいケーキを一切れ確保しただけだった）。

沢山のスピーチの後、タックシンがビデオリンクで登場した。ケーキの上のロウソクは、ヤオワパーとインラックにより吹き消された。同時にドバイにいるタックシンも彼の手元にあるケーキのロウソクを吹き消した。パーティは、花火とプレーン・ルークトゥン（訳註：「田舎ものの歌」という意味の、農村の人々や労働者に人気のある歌謡曲。演歌からロックまで非常に幅広い）のタッカテーン・チョンラダーなど、何人かの歌手の歌で散会となった。タイ貢献党が支持している立候補者が、民主党が強いスラータニー県の県知事選挙でステープ・トゥアクスバンのいとこである民主党支持の立候補者を破ったことが拡声器で報告されると、集まった人たちは歓声をあげた。2人の地元民主党立候補者の間で対立が起きて、投票が割れたことが、タイ貢献党支持の候補者の助けとなったのである。この選挙結果は、ステープ・トゥアクスバンの退任により空席となったスラータニーの選挙区第1区の次期補欠選挙でタイ貢献党が勝つかもしれないとの予測を呼ぶこととなった。しかし、実際には、タイ貢献党立候補者は民主党立候補者であるステープの兄弟ターニー・トゥアクスバンに惨敗した。

私は、最後に、ウィーラ・ムシッカポン、ウエーン・トーチラーカーン博士とタクシーラジオ局のチンナワット・ハーブンパートがホストを務めるワット・ウタイターラーム（ワット・バーンカピ）の祝賀会に行った。数千の赤シャツの人々がそこに集まり、祝賀と政治に熱狂するムードが満ちていた。

祝賀会はタックシンがタイの政治と赤シャツの中でなお大きな役割を演じ続けていることを示した。それは相互に利益のある関係であり、お互いがお互いを必要としている関係である。この日はまた、赤シャツとタックシンがアピシット政権にPRの面でも勝利した。彼らは政府と諸外国の外交官との間でサッカーゲームを主催したのだが、新聞のヘッドラインは「タックシン誕生祝賀会の熱狂」であった。

ワット・ウタイタラーム寺院の祝賀会。

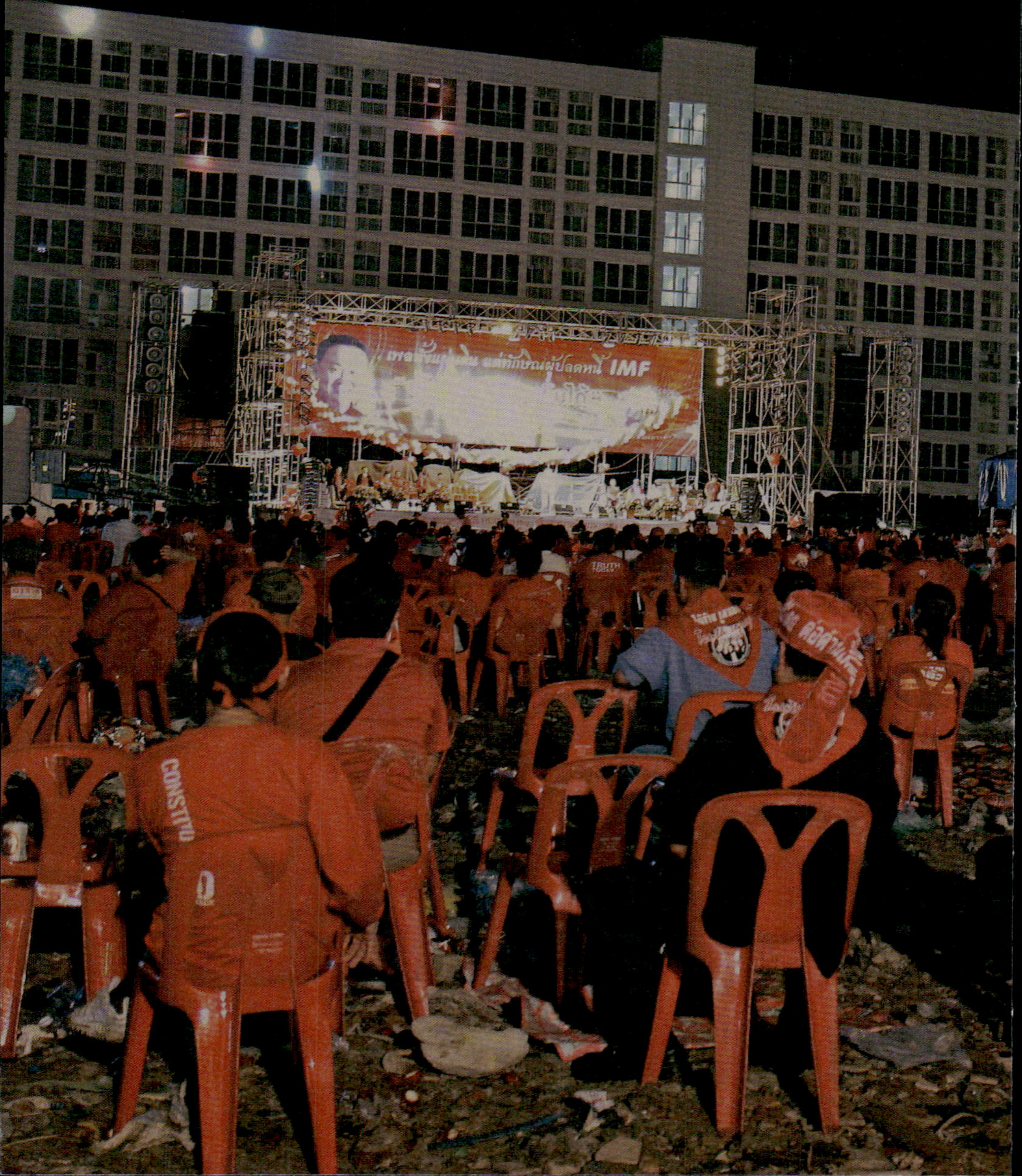
IMF

第11章
請願の日

　タックシンの誕生日の前、赤シャツは次の活動を発表して大きな勝負に出た。国王へのタックシン恩赦の請願と請願を支援する「100万人の署名」運動の実施である。無論、このアイデアは、爆弾のようなものだった。赤シャツは、国王と臣民（ラーチャプラチャーサマーサイ）が親しく特別な関係であることを示すタイの伝統と神話の大きな柱の1本を利用したのである[1]。ラームカムヘーンの石碑には、ラームカムヘーン王の時代（13世紀末のスコータイ王朝）、市民はだれでも鐘をならして国王に拝謁し不公正を訴えることができ、王はその問題を解決してくれた、と記されている[2]。

　請願書は、軍事クーデタとタックシン・チンナワットの追放が社会の不公正と経済の悪化を招いたと訴えている。さらに、法の適用にダブル・スタンダードが存在すること、アピシット政府は正当性を欠くこと、それゆえタックシンがタイに戻って王と市民のために働けるよう彼の恩赦を請願することが述べられていた[3]。

　もちろん赤シャツの敵――政府とPAD――は、赤シャツが国王に対してプレッシャーを掛けたと非難した。このことは不敬罪での告発に結びつく。首相府相サーティット・ウォンノントゥーイは署名活動自体が不敬罪に当たると非難し、署名活動に反対する国民に赤シャツを告発するように訴えた。2006年にタックシンに反対する上院と知識人の一団が国王に1997年憲法の第7条（訳註：第7条は、「憲法に適用すべき規定がない時には、国王を元首とする民主主義的政治体制の憲法慣行に従う」と定めており、政治的混乱を国王が調停を行なう根拠となっている）を適用して、タックシンを首相の座から斥け、国王に新しい首相を任命してほしいと請願したことを思うと、皮肉なものである（この依頼は憲法違反であると国王は拒否した）。上院議員たちは今のタイ社会にサクディナー（訳註：歴史的には、社会的地位を水田の面積で表した「位階田」を意味する前近代タイの

身分社会の制度であるが、現在では、前近代の非民主的な制度の象徴として使われている）的な封建時代の考えを適用して、尊敬に値する年長者のみが国王に請願する権利を持つのであり、赤シャツの考えていることはまったく不適切だと言っているのである。さらに1988年には、プラチャティーポック王協会の事務総長ボウォンサック・ウワンノー博士とチュムサック・ピントーン博士（現在、PADの有名メンバー）を含む99名の知識人グループが、国王に対して当時のプレーム・ティンスーラーノン首相兼陸軍総司令官の解任を請願している。いま赤シャツの誓願に大反対しているこの2人は、1988年の時、プレームは選挙で首相に選ばれなかったし、自分たちは恩赦を請願したことはなかったと主張している。とはいえ、この時の請願は、今回と同様、きわめて政治的な意図の下になされていた。それなのに、彼らはいま、請願を政治的に利用することに強く反対しているのである。[4]

署名集めが始まった。私の近所では、イサーンの下院議員がやってきて、彼の選挙区出身の店の主人に署名を書く用紙を託していった。彼女は近所を回って、署名運動の話をした。私のすぐ近所のいくつかの横丁で数百名の人々が署名をした。オフィスやデパート勤めの人々は同僚から署名を集めた。

しかし、政府とその仲間たちも手を休めることはなかった。首相府相サーティット・ウォンノントゥーイは国が運営しているメディアに、「恩赦の請願をすることで国王を政治的に利用するという行為の不当なことを民衆に気づかせるキャンペーンに着手するよう」指示を出した。[5] アピシット首相は毎週出ているテレビ番組で、請願運動について、国王を政治に巻き込むのは不適切だと語った。[6] 反請願キャンペーンの大半は内務省により企画された。請願反対のスローガンが書かれた大きな宣伝用のパネルが全国に登場した。内務大臣チャワラット・チャーンウィラクンは、村落の長に「タックシン・チンナワット元首相の恩赦を国王に請願することは合法ではない」ということを村民に説明するよう指示を出した。[7] 反請願署名キャンペーンが、赤シャツの署名以上の署名を集めることを目標に開始された。同時に、恩赦請願の署名をした人々に署名を取り消しさせるキャンペーンも行なわれた。

2009年8月7日、『プラチャータイ』に非常に面白いリーク記事が載った。8月6日のパンティップ（訳註：タイで人気のあるウェブサイト）のサイトに8月4日付で投書されたもので、ブリーラム県の教育委員会が地域の全部の学校の校長に対し、学校のスタッフと学生に「現在の制度を最後まで守り、国王の大権に

背く請願に反対する市民のリスト」に署名させるよう指示した、という内容である。署名する時、彼らは名前と住所を書くよう求められた。赤シャツの請願は、「社会を混乱させ」、「国王の大権に背いて」、「制度をゆるがせ」、そして「人々を分断する」仕事と考えねばならないとされていたのである[8]。内務省によれば、約400万人の署名を集めることができたという。赤シャツもまた400万人の署名を集めたと公表した後、陸軍総司令官アヌポン・パオチンダーは兵士に対して「国王に恩赦を願う正しい手続きを全国民に説明する」よう指示を出した。しかし同時に彼は「人々の考えを変えることは簡単なことではない」とも述べた[9]。さらにPADもまた、ウェブサイトに告発文書用フォームを載せて反請願キャンペーンを開始した。PAD支持者がその用紙に記入して地元警察署に持っていけば、赤の請願を告発することができた[10]。

　内務省は、タイ名誉党（訳註：連立与党第2党）と共に大規模な反請願のイベントを発表した。7月30日、私はこのイベントを見る機会があったが、当惑させられることばかりの集会であった。

　ロイヤルプラザのこの集会に青シャツが来るという連絡があった時、地元の情報員の間にざわめきが起きた。それはパタヤと同じ連中なのか？　青シャツを着た兵士やPAD護衛隊もいるのか？

　朝8時頃、ロイヤルプラザには、30～40台のタクシーと、全部トンブリー側から来た同じ数の赤色のスバル——小型乗用車——と、拡声器が取り付けられたワゴンが1台、そして少なくとも1ダースの情報員がいた。タクシーはその後徐々に数を増し、総数100～200台程度となった。しかし、薄い青色の制服のタクシー運転手とタイ名誉党のシャツとジャケットを着た数名、そして運輸省と内務省（両省共にタイ名誉党が統括）の役人が数名いただけで、青シャツの姿はなかった。

　「社会を混乱させるな——請願を止めろ！」のスローガンが書かれたステッカーが配られ、車に貼られた。9時頃、イベントが始まった。最初に、タクシー運転手が朝食を配るからと言って呼ばれた。彼らは並んで、腕に食事のクーポンスタンプを押してもらった。タイ名誉党の党歌が拡声器から流れた。

　しかし、数名のタクシー運転手が私に寄ってきて不平を言った。

　「300バーツの給油クーポンを配るという話だったのに、俺は食事のクーポンだけで何ももらっていない」

　「自分のタクシーを駐車場から出せない。やつらはスバルを置いて出せない

7月30日、赤シャツ派の請願に反対するため、ロイヤルプラザにタクシー運転手が集められた。

ようにしているんだ」

「やつらは俺たちをだましたんだ。「母の日」（訳註：タイの母の日は、シリキット王妃陛下の誕生日8月12日。シリキット王妃は、デモで亡くなった黄シャツ支持の女性の葬儀に参列しており黄シャツ支持と見られている）なので来いと言われたけれど、タイ名誉党とは言わなかった。やつら、俺の車に「請願を止めろ」のステッカーを貼ってしまった。明日、俺は赤シャツの集会に参加したいっていうのに。どうやってステッカーを剥がせばいい？」

タイ名誉党の副広報官のスッパマート・イッサラパクディーが現れてステッカーを配り、タクシーにステッカーを貼る間、カメラにポーズを取って、インタビューに応じた。

あまり熱意の感じられないタクシー運転手たちは、拡声器の前に整列した。スピーチがあり、国王への忠誠を誓う言葉が述べられ、歌が歌われて、国王賛歌が演奏された後、すぐ誰もいなくなった。

数名の役人がまだまわりをうろついていた。ビニール袋を持った1人の男が

タクシー関係者に札束を手渡した。その男は私が写真を撮ったのを見て、素早くお金をポケットに滑りこませた。袋を持った男はベンツに戻り、どこかに消えた。

　10時30分頃、集まった情報員には大変面白かったと思われるイベントは終了した。

　7月31日、赤シャツは、サナーム・ルアンで大規模集会を開催した。彼らは全国から集められた請願署名簿を持ち込んだ。前にも述べたが、赤シャツは400万を超える署名を集めたと発表した。ステージの裏に、厳重な警備のもとに、大きな箱が山のように積み重ねられていた。

　2009年8月17日の請願の日は、歴史的な日となった。タイの歴史で初めて

【左上】タクシー業界の男は受け取った現金の束をポケットに滑り込ませた。
【右上】金の入ったビニール袋を持った男はベンツに乗って消えた。
【　下　】7月31日、サナーム・ルアンの集会で請願書に署名する赤シャツ派の人たち。

【上】8月17日、サナーム・ルアンには3万～4万の赤シャツ派が集まった。
【下】バラモン教儀式。

　大規模な大衆運動による国王への請願が行なわれたのである。私は、9時にサナーム・ルアンに行ったが、既に3万～4万の赤シャツの人々が集まっていた。行事は、珍しいバラモン教の儀式で始まった。小さい祭壇の前に、バラモン教の最高神梵天（王宮の儀式に関係の深い神）へのお供えが並べられた。そして、バラモン教の僧侶に導かれて赤シャツの指導者たちが祭壇に祈りを捧げた。
　ステージで歌が歌われた。赤シャツの指導者たちはダンスを踊り、歌を歌っ

【上】赤い布がかけられた署名リストの入った箱が運び込まれた。
【右】ブリーラムから来た建設労働者と家族。

た。サナーム・ルアンには、王宮まで行進を行なうために大きな矩形の場所があけられて、柵で仕切られた。赤い布が掛けられた署名リストの入った箱が柵で仕切られた中に運びこまれた。国旗を持った赤シャツと僧侶たちが整列して歩んだ。私はこの日の儀式に参列するために休暇を取ったという建設労働者と話をした。彼は、自分も家族も自分で決めてここに来たのであり、お金はもらっていないと何度も言った。彼の奥さんが一番下の赤ちゃんに母乳を与えている間、彼は、ブリーラムにある彼の村の住民はまだ約半数の人がネーウィン・チットチョープを支持しているが、残りの半数はもはや支持をしていないと話してくれた。

　タックシンの短いフォーンイン（電話参加）が行なわれた後、行進が開始され、サナーム・ルアンを回って王宮の前で止まった。署名の入った箱が小さな台に並べられた。1人の女性が気を失った——暑さと湿気はもう耐えられないほどになっていた。突然、すべての儀式の流れが止まった。国王の次女シリントーン王女が、王宮のオフィスを出て、赤シャツの全員が集まっているサナーム・ルアンのちょうど反対側にある門から出てこられたためであった。赤シャツの人々が整列する中、王女を乗せた車列が通り過ぎた。多くの赤シャツの人々は、

【左上】王室の秘書室の役人に請願書を渡すウィーラ・ムシッカポン。
【右上】署名された請願書を収めた箱を前にする赤シャツ派指導者たち。
【 下 】請願書の箱は、王宮の役人が刻印と署名を行なった後、警察官により5台のトラックに積み込まれた。

この出来事を、彼らの請願が王室の支持は得られないまでも、正当だと認知されたしるしだと解釈した。

　赤シャツの指導者たちは王室の秘書局の役人に会いに行き、請願書を手渡した。カメラマンやビデオ撮影者が山のように集まっていたが、写真を撮ることができるポイントは2ヵ所しかなかった。私は仲間たちの頭の上に腕を伸ばして写真を撮ることができたので運がよかった。

　請願書の箱は、王宮の役人が刻印と署名を行なった後、警察官により5台のトラックに積み込まれた。赤シャツの指導者によると、500万人以上の署名が383個の箱に収められているとのことであった。そして、赤シャツの集会は散会した。

　家に帰る途中、プラアーティット通りのASTVのオフィスを通り過ぎたところで小さな騒ぎが目に入ったので、私はバイクを停めた。バーン・プラアーティット（訳註：ラーマ1世の時の建築物で、現在は『プーチャットカーン』のオフィ

赤シャツが乗る車に向かってパチンコを撃つPAD護衛隊。

スビルになっている）の反対側のASTVの前に20〜30名のPAD護衛隊が集まり、赤シャツが乗っているタクシー、バン、バスが通りかかると、「売国奴」など、侮辱する言葉を叫んでいた。PAD護衛隊の中には、自動車に向かってパチンコを打ったり石を投げる者もいた。最初彼らは私も追い払おうとしたが、私がここにいて写真を撮りたいと強く言ったら、撮ってもいいが、顔は出さないということで了承してくれた。彼らは、少なくとも私がいる間、トゥクトゥクやバイクに乗った赤シャツは見逃して、自動車やバスだけを攻撃した。護衛隊の1人が、われわれは誰も傷つけたくない、ただ脅かすだけだと言った。

すぐに警察官と車1台に数台のバイクで警察官がやってきた。護衛隊はASTVのオフィスに戻り、騒ぎはおさまった。

8月21日、珍しく、国王が国営テレビに登場された。国王の考案した人工降雨の技術がEU10ヵ国と香港で特許を得たことを知らせる番組であった。政府高官を前に国王は国民の結束を訴えるスピーチをされ、結束がなければ国家は滅びると述べられた。[11]

8月24日、チェンマイで行なわれたPADの小さな集会が赤シャツと思われる集団に攻撃された。300名の黄シャツの人たちが「We love the King」センターのオープンを祝っていた建物に、顔を隠した10名の連中がピックアップトラックの荷台から石や手作りの爆弾を投げたのである。彼らは棒で殴りかかってPADのメンバーを追い散らし、ガラスドアやトラックを破壊した後、逃げ去った。[12]

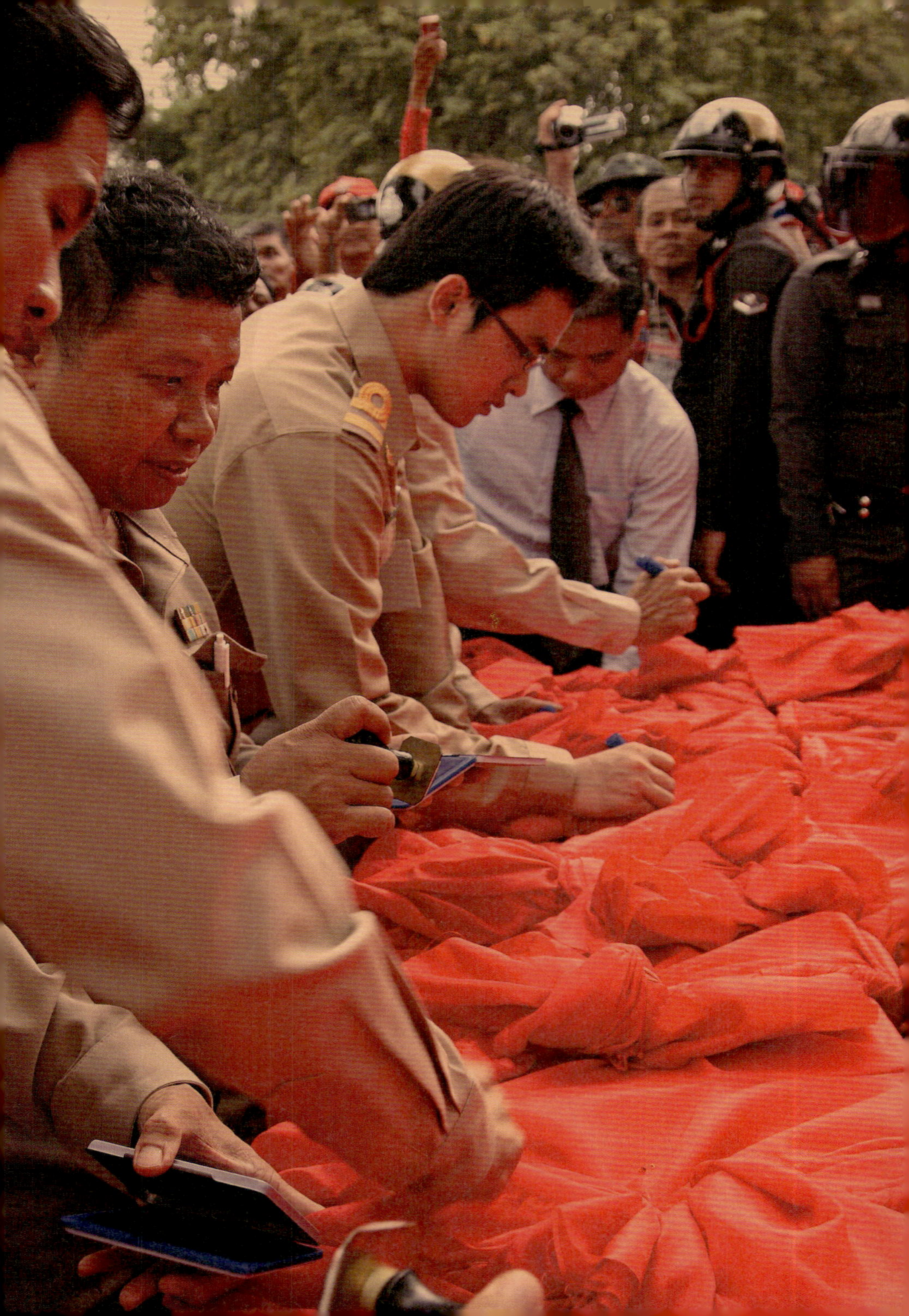

第12章
偽情報、
醜いエリートの抗争

　2009年8月30日に開催される赤シャツの大規模集会の数日前、古典的な手口と言ってもいい「偽情報」事件が起きた。8月26日、赤シャツの活動本部があるビックCラートプラオ・デパートで記者会見が行なわれている時、私は赤シャツの活動家に呼ばれた。このデパートの5階と6階には、赤シャツの各グループの事務所が集まっているのである。彼は、アピシット首相を地獄に落とす証拠を手に入れたと言った。我々は、2つ下の階にあるデパート駐車場のフロアに降りた。駐車しているSUV（スポーツ用多目的車）の中で、赤シャツの小規模なサブグループのリーダーと数名のそのメンバー、そして情報提供者が、首相のスピーチの録音を聞いていた。私は車に乗り込んだ。車には、リーダーと私を呼んだ活動家と情報提供者が残った。情報提供者の話によると、首相のスピーチは、2009年4月の赤シャツ弾圧の直前に最高司令部で行なわれた会合に出席していた兵士がこっそり録音したものだという。確かに録音は、アピシット首相の声と特徴的な言い回しだと思われるものであった。録音の中でアピシットは治安部隊に対し、パタヤの時にやったと同じような暴力沙汰を引き起こしてほしい、そうすれば非常事態宣言が正当化される、と言っていた。そして、もしデモ参加者が殺された場合、報道は抑えられ、メディアの情報源は閉ざされねばならない。さらに、政府は王制を守ろうとしており、元首相（タックシン）は人々を反王制に導こうとしているという印象が作り出されねばならない、と言っていた。

　スピーチを2度聞いた後、私たちはCDのコピーを作りに行った。しかし、彼らのオフィス・コンピューターではファイルのコンバートができなかったので、コンピューター・ショップに行って、CDを10枚ほど複製した後、情報提供者にオリジナルを返した。私には爆弾にもなりうるこの材料が本物であるのかどうかを確かめる術はなく、とても手に負えるような代物ではなかった。私

は、『ストレートタイムス』のニルマル・ゴーシュと『アルジャジーラ』の契約記者のアエラ・カランに相談した。彼らは専門の言語学者に録音を聞いてもらった。CDを数回聞いた後、その言語学者は、編集された個所を見つけ出した。録音は、いくつかのスピーチをカットし、繋げて作ったものだった。あとでコンピューターで分析してもらったところ、そのような個所が何百とまでは行かないが、何十ヵ所もあった。中には単語1語だけ挿入された個所さえいくつかあった。ニルマル・ゴーシュは、政府のスポークスマン代理を務めるパニターン・ワタナーヤーコーン博士に政府の正式な見解を聞くために会いに行った。録音を聞いたパニターンは明らかにショックを受け、首相がこのようなことを言うことはありえないと言った。彼はニルマルに、このようなスピーチをすれば政治的な自殺行為となるだろう、首相のスピーチはどんなものでもすべて事前に専門のチームによって作成されるのだ、と言った。

　この録音はその時にはもう数ヵ所の赤シャツのウェブサイトに送られており、ウドンラバーズのコミュニティ・ラジオでは放送で流していた。赤シャツのリーダーであるクワンチャイ・プライパナーは、あとになって、この行為により名誉棄損で訴えられることになる。サナーム・ルアンの小さな赤シャツのステージでは、午後遅く、この録音が流された。さらに、この録音は夜、「6月24日グループ」のステージで流される予定だった。この日はプレーム陸軍総司令官の誕生日だったが、彼らはそれに合わせてイベントを開催していたのである。ところが、録音を拡声器で流す直前、ものすごいモンスーン豪雨でステージが壊れてしまい、イベントは中途で取りやめとなった。幸いにもステージの後ろにいた多くの人々に怪我はなかった（しかし、私のカメラは雨で壊れてしまい、また新しいのを買わなければならなかった）。結局、録音を流した者はすべて告発されたが、「6月24日グループ」は、かろうじて訴訟を免れた。

　翌8月27日、これは大きな話題となった。テレビでアピシット・ウェーチャーチーワは、赤シャツが彼の信用を失墜させようとした非難し、録音を製作した人々、それを配布した人々は訴追されることになると言明した。他の民主党議員たちは、録音はタックシンの支持者から送られてきたものであると述べた。チャトゥポン・プロムパン（訳註：タイ貢献党の下院議員）はテレビの記者会見で、当初スピーチは本物であると思ったが、数回聞いた後、彼も他の者も録音は改竄されているという結論に達したので、集会のメインステージでこの録音を流さないことを決定したと語った（だからといって、彼や他の赤シャツの指導者たち

はその後の集会のスピーチでこの録音のことについて触れなかったわけではない）。その日は、国会で予算配分の審議が行なわれていたが、大半の時間はこの録音についての議論に費やされた。アピシットはこのようなスピーチは行なっていないと断言し、野党の政治家の前に立ちあがって、罪を認めないのは卑怯だと非難した。野党議員は、国会で録音を流し、アピシットがどの個所が改竄なのかを証明すべきだと発言した。政府の議員は反対した。夜中過ぎに閉会するまでこんな調子で審議は続いた。抗議と反論、そしてまた他のなにかで中断、というようなことで、しばしば議論は空転した。翌日も、国会審議は録音問題で持ちきりとなった。

　8月28日、録音クリップはタックシン・チンナワットの妹であるインラック・チンナワットが運営する資産運営会社、SCアセットから出てきたものだと推測されるというニュースが流れた。Eメールの発信記録から、録音クリップは8月26日に同社のコンピューターの1つからタイ貢献党に送付され、そこから各受信者に転送されていたことが判明したというのである。しかし、これは政治的な裏工作で、民主党のスポークスマン、ブラナット・サムッタラック博士と民主党の他の党員はSCアセットが社会を混乱させたと非難し、タイ貢献党を解党処分すると脅し、録音クリップを送った者は見つけ次第告訴すると息巻いた。もっとも、タイ貢献党も、録音問題では国会において政治的な塹壕戦に終始したということでは同罪だろう。赤シャツの集会の期間中、ISA（国内治安法）が適応されたが、これは治安部隊、特に軍とISOCに強大な権限を与えるので、適応されたあと赤シャツは8月30日に予定していた首相府前の集会を中止にした。8月30日、ブラナット・サムッタラック博士は、私の発言がメディアに誤った形で伝えられており、私はSCアセットを録音クリップの製作元であると非難したりはしなかったと述べた。

　8月31日、SCアセット社員、カンティマー・テームクル（29歳）とソムサック・セーウン（38歳）の2人が録音クリップの件で逮捕され、コンピューター犯罪法に基づき告発された。彼らは無実を主張し、その録音クリップは同僚がバス停でもらったもののうちの1つで、Eメールでそのクリップを転送しただけで、テープ製作には手を貸していないと主張した。チンナワットビルのSCアセット社のオフィスは警察の捜査を受けた。警察は、SCアセットはテープの製造には関与していないことを明らかにし、この2人をEメールで転送した容疑でのみ取り調べた。間もなくアピシットのテープ問題はメディアから消え去り、

代わりに警察庁長官パチャラワート・ウォンスワンに関することが話題となった。

　今日に至るまで、録音されたオリジナルデータを誰が作成したのかは謎のままである。政治的な策略であるかどうかは別にしても、偽スピーチのクリップは多数の情報提供者によってばらまかれた。幾つかのタイの政治関連ウェブサイトは、赤シャツの小グループと同様に、ほとんどが匿名の情報提供者から個々にコピーを受け取っている。それは赤シャツの主要な指導部やタイ貢献党には直接送られていない。送られていれば、彼らはそれがばらまかれる前に独自に調査していたであろう。つまり、専門家が真偽を確認する前に、録音の中身が偽物かどうかはわからないテープが既にばらまかれていたということである。このような録音データは街頭で爆発的な威力を発揮する可能性がある。既に熱く高揚しているデモ隊の人々の感情をいっそう掻き立て、したがって生命に関わる危険性も持っていたのである。

　数日後、私はテープを受け取った情報提供者に会って、詳細を聞いた。彼は、ビッグCの駐車場でファイルを手渡す前に、軍隊で接触がある者にバンコクに本部を置く連隊基地に呼び出され、録音のマスターファイルを受け取ったと語った。彼の話によると、テープは、ソンクラーン暴動に先立つ治安会議に出席していた上級の兵士により秘密裏に録音されたものであった。しかし、私が知りえたのはここまでで、調査は行き詰まった。誰がこの偽テープを作りえたのか？　なぜ赤シャツの大規模集会の準備段階に向けてそれが送付されたのか？　赤シャツ寄りの兵士が赤シャツのデモ隊を過激化するためにしたことなのか？　赤シャツの運動を弾圧する言い訳とするため、予定されていた赤シャツの大規模集会で暴動を起こすことを画策した軍の過激な反赤シャツ派の仕業なのか？　ただひとつ言えることは、テープを作ったのは、間違いなく、一般のデモ参加者の命も現場の兵士の命も尊重しない筋だということである。

　さらに、もっと時間の長い2本目の録音が存在することが公表された。おそらく同じチャネルを通じて配布されたものであろう。当初は8月27日に出るはずだったのが、最初のテープで大騒ぎになったので、第2弾としての効果を狙い、時期をずらして配布したのであろう。だが、この録音は結局、人々が耳にすることはなかった。しかし、今日まで、この録音が本物であると信じている赤シャツが数多くいる。熱くなってしまうと、他のことは信じられなくなるのだ。一方で、政府を支持する人の大半の人々は、それは赤シャツとタイ貢献

党とタックシンによる偽装工作であると信じている。

　9月7日、国家汚職防止委員会（NACC）は、2008年10月7日に起こったPADと警察の間の騒乱（訳註：当時のソムチャーイ首相退陣を求めるPADのデモ隊と警察が衝突。PADのデモ隊の女性が死亡した。『赤vs黄』第1部に詳しい報告がある）の最終調査報告書を検察当局に提出した。この報告書により検察は、4人――当時のソムチャーイ・ウォンサワット首相、副首相兼陸軍司令官チャワリット・ヨンチャイユット、警察庁長官パチャラワート・ウォンスワン、そして首都警察署長官兼中将スチャート・ムアンケーオ――の告発に向けて法的手続きを開始することになっていた。NACC委員のウィチャー・マハークンは「ソムチャーイとチャワリットは警察に対して人々を追い散らすように指示を出した責任があり、パチャラワートとスチャートは早朝に数多くの死傷者が出るのが明らかになったあとも誤った作戦行動を中止しなかった」と述べたと言われる。[1] 9月11日、NACC委員ウィチャー・マハークンの以前の住居と、同じくNACC委員ウィチャイ・ウィウィットセーウィーの現在の住居に爆弾が投げ込まれた。

　2008年10月7日の警察の作戦行動は、中国製の催涙弾が使用されたことで失敗に終わったというところがあるのは確かだが、NACCの調査は幾つかの事実を十分に検討していない。まず第1に、作戦は当初の目的――PADが封鎖した国会の入り口の門を開けること――が達成された後、いったん停止された。[2] しかしPADは、正午前に首都警察署本部を急襲するなど、彼らの当初の目的である国会の入り口封鎖とは関係がないことに目標を変えて、警察への攻撃を継続していた。PADが再度、短時間国会の入り口封鎖に成功した後、警察としては、国会議事堂の中に閉じ込められている人々を解放するため、午後には国会の入り口を奪還しなくてはならなかった。この2つ以外でも、警察はこの日、基本的に防御的な姿勢に終始していたのに対して、PADはしばしば火器を使用するなど、強力な武器で攻撃した。さらにPADの指導者は終日拡声器を使って、デモに参加している人々を絶えずけしかけていた。

　オーストラリア国立大学の調査員、デズモンド・ボールとニコラス・ファレリーによる中国製の催涙弾に関する独自の報告書が発表された。[3] それには、以前の公式発表には触れられていなかった詳細な事実が書かれていた。報告書によると、この強力な中国製催涙弾は、1993年、民主党のチュアン・リークパイ政権時代に発注され、1995年に配備されており、衝突事件で使用された時には有効期限はとっくに過ぎていた。使用された6種類の催涙弾のうち4つが

中国製の催涙弾で、弾頭にガスをより速く散布するために高性能爆薬を装填してあった。これらは国境警備隊（BPP）が使用するものである。警察治安部隊の隊員たちは通常の催涙弾の使用訓練を受けているが、中国製の催涙弾での訓練は受けていなかったようだ。さらに、直接人々に向かって使うなという警告はタイ語ではなく英語で書かれていた。彼らがこのタイプの催涙弾を通常の催涙弾と同じように使用したということは十分考えられる。

　NACCが検察に報告書を提出してから1ヵ月半後、とんでもないニュースが流れた。検察は、警察の証人に対するインタビューが十分ではないので報告書は不完全であるとして、受け取りを拒否したのである。[4] 11月11日、NACC委員のメーティー・クロンケオ教授は、タイ国外国人記者クラブにおける会見において、2008年10月7日の騒乱についての調査はNACCの最重要調査だったと語った。私が、その最重要調査の報告書を証言が不十分という理由で検察が却下したというのはどういうことかと尋ねると、彼は、インタビューは彼らが一番適切だと考えた証言者に対して行なったが、見解の相違というのはよくあることだ、と説明した。それでも、私が、証言者へのインタビューが不十分という理由で調査報告が却下されるのが見解の相違による結果だというのもよくあることかと尋ねると、彼は、普通はありえないと認めざるをえなかった。彼はさらに、1週間以内にこの問題は片がつくから、あなたはそれがメディアに報道されるのを見ることになるだろうと言った。しかし、今までのところ、私はこの問題が解決したという話は聞いていない。

　2010年の初め、2008年10月7日の事件に関するNACCの報告書の信頼性をさらに疑わせるような新たな証拠が現れた。GT200という、爆発物の化学物質の残余を検出する英国製の装置が使い物にならないインチキ装置であったことが暴露されたのである。英国政府は、「爆発物の検証には適していない」として、イラクとアフガニスタンに同じ技術を使った装置の輸出を禁止した。英国政府の文書にもGT200とほぼ同一の装置は「全く効果がない」と記されている。[5] このGT200は、タイの南部3州でテロの疑いのある事件の捜査に使われていた（2007年、パタニーでイスラム学校が当局の手入れを受け、この装置による検査結果をもとに学生数名が逮捕されたが、その時私はGT200を見ている）。法医学のエキスパート、ポンティップ・ローチャナスナン博士が率いるチームは10月7日の事件の死者と負傷者をこのGT200を使用して検証し、NACCはその調査結果をもとにPADは爆発物を使っていないと報告したのである。[6]

それでも、NACCの報告は、首都警察署長スチャート・ムアンケーオと警察庁長官パチャラワート・ウォンスワン将軍更迭のきっかけになった。2009年9月9日、パチャラワートは首相府の閑職に異動させられた。彼は国防大臣プラウィット・ウォンスワン将軍の弟である。プラウィット・ウォンスワンは前陸軍総司令官の有力者で、アヌポン・パオチンダー現陸軍総司令官と親しい。パチャラワート将軍は、空港占拠の時にPADのデモ隊を制圧することに失敗した「国民の力党」(訳註：タックシン派。当時の与党。2008年12月に憲法裁判所命により解党)が下野する前、2008年11月に既にソムチャーイ首相により異動させられていたが、新連立政権により復権していたのである。NACCの報告書をもとに、アピシット首相はパチャラワートを定年退職日の数週間前に警察庁長官から更迭した。PAD指導者ソンティ・リムトーンクンは、彼の暗殺未遂事件の捜査をパチャラワートが妨害したとして非難していた。パチャラワート更迭の数ヵ月前、警察庁の新長官の任命を巡る噂が飛び交い、パチャラワートとアピシットの抗争の兆候となった。

　数名の候補者の中には、警察大将プリーアオパン・ダーマーポン（タックシンの元妻の兄弟）のようにタックシンとの関係がかなり深い人物もいたが、アピシットは、プラティープ・タンプラスート警察大将を支持した。しかし、プラティープ・タンプラスート警察大将は大半のキャリアを行政官として積んだことから警察内部での支持はあまり強くなかった。首相府秘書ニポン・プロムパン（4月のバンコク騒乱事件の責任を取って首相府事務局長を辞任していた）は、チュムポーン・マンマーイを支持した。チュムポーン・マンマーイには、連立政権のタイ名誉党とパチャラワートの支持もあった。副首相ステープ・トゥアクスバンがこの人事の交渉役を任された。警察庁長官の選出責任を負う「警察庁政治委員会」が何度か会合を持ったが、議論ばかりで、調整はつかなかった。この混乱で、警察内の昇進や年次異動が何ヵ月も延びることになった。これはメディアでも大きな話題になったが、事実関係の報道はほとんどなかった。

　大量の噂が駆け巡った――誰が誰の背後にいるのか、連立内部が分裂した、民主党内が分裂したなど（当然、すべての関係者は否定しているが）。大規模な汚職と警察の年次人事異動に伴う札束合戦が糾弾された（警察内のうまみのある地位についたり速く昇進するには多額の金が必要だというのはいつも噂にのぼることだ）。

　パチャラワートを辞めさせたことと次の警察庁長官の任命が遅れたことの理

由を考えると、いくつかの要素に行き着く——ソンティ・リムトーンクン暗殺未遂事件の捜査、赤と黄の警察への影響力競争、トップレベルの官僚エリートの抗争に生じる巨額なわいろと告発についての議論。だが、私には、このエリートたちの喧嘩がこれまでと違って、おおっぴらでなりふりかまわないということが一番大きな問題だと思われる。タイ特有の親分・子分関係のネットワークが典型的に表れるこの年中行事は、これまでメディアへの露出度が最小限に抑えられてきたが、今はマスコミを巻き込んでの争いとなっている。争いごとは秘密を保つというのが通常のやりかたである。手の内がばれてしまえば、すべてを失うからだ。にもかかわらず、この公開の論争には、人々を理解に導くための根本的な要素が欠けている。はっきりしてきたのは、わかりにくい代理戦争になってきたということであり、一般の人々の理解できないところで苛烈な闘いが行なわれているということである。[7]

　アピシットが支持した候補者プラティープ・タンプラスートは、警察長官「代行」に就任した。そして人事異動も、一部再開した（2010年8月、プラティープが定年に達し、新しい警察庁長官の就任が承認された時、ようやくこの問題が解決した）。バンコクの首都警察長官に任命されたのは、副総理大臣ステープと近いと言われ、警察内部で多くの軋轢を起こしている人物である。他の地域の警察でも、同様の首をかしげるような政治的人事が行なわれたと言われている。

第13章
プレアビヒアの賭け、黄色動く

　2006年9月19日に起こった軍事クーデタの3周年を迎える集会を赤シャツが開催することを発表した時、またぞろ誇大宣伝が始まった。政府は、いつもどおり、暴力事件の可能性があるという警告を出し、集会が行なわれている間、再度ISA（国内治安法）を適用すると発表したのである。赤シャツは集会の中止を拒否し、集会はトラブルもなく実行された。しかし、同日、PADの抗議グループがカンボジアの国境付近にあるプレアビヒア寺院付近の紛争地で集会を行なうためにシーサケート県に行った時、PADと村人の間に衝突が起きた。PADは抗議行動に先立ち、プレアビヒア問題に対する論調をさらにヒートアップさせていた。ソンティ・リムトーンクンは、カシット・ピロムが外務大臣になって以降、カンボジアに対しての対応が甘すぎると非難していた。しかしカシットのほうは、PADの主要メンバーを招いて話し合ったあと、彼らとはいい関係にあると語っている。[1]

　この問題の背景は複雑であるが、読者にとって理解の助けになるように簡単に説明したい。1962年、国際司法裁判所は、プレアビヒアをカンボジアの所有と認めた。しかし、裁定の中で、現在所有権を巡って抗争が起こっている土地の支配を明確にすることをしなかった。裁定は以下の通りである。カンボジアの1番目と2番目の訴えである別添1の地図の法律的な位置づけと紛争地域の国境線についての判決は、判決が表明した根拠条文における範囲においてのみ考慮されるべきであり、判決の実施規定にどのように対応するのかを要求するものではない。[2] この大変込み入った問題は、プレアビヒアが両国の愛国感情のシンボルとなったことでもっと不明瞭になった。2000年、プレアビヒアに関する覚書が両国間で調印された。タイは、カンボジアが領地内に道路を建設してカンボジア人を移住させたのはこの覚書に違反するものだと主張している。2008年7月、サマック・スントラウェート政権（訳註：サマックはタックシ

ン派。国民の力党党首。2008年1月首相に就任、9月に失職）がカンボジアのプレアビヒア寺院ユネスコ世界遺産登録申請に同意したあと、PADはプレアビヒアで抗議集会を開催することを決めた。そして、憲法裁判所はノッパドン・パッタマ外務大臣が国会の承認なしに国境に影響を与える条約に調印をしたのは憲法違反で有罪だとしたため、彼は辞任に追い込まれた。PADの抗議は、愛国主義的感情や国内政治、経済問題、特にタイ湾の国境係争地域にある大規模なガス田と石油の採掘問題によって、火がついた形となった。その結果、国境は封鎖され、タイとカンボジアの兵士が命の代償を払う小競り合いが続いて、両国の関係はきわめて険悪になった。さらに、2008年のPADの集会ステージでプレアビヒアのことでカンボジア首相フン・センを侮辱する言葉を吐いたカシット・ピロムが、アピシット政権の外務大臣に任命したので、問題は大きくなった。

　2009年9月19日、PADが抗議集会を行なうためプレアビヒア寺院に行ったが、その日は仏事がある日で、村人はお寺にお参りに行って徳を積むことになっていた。2008年の国境閉鎖以前、タイとカンボジアの村民はプレアビヒア寺院に一緒に参拝に行っていたのである。PADがまた寺院の敷地内で反対集会を開催すると聞いた時、村民は、団結してPADを入れないようにしようと決めた。PADの部隊が到着した時、村民とPADの護衛隊の間で争いが起き、両方の側に怪我人が出た。村民の中には、銃で撃たれた者もいた。おもしろいことに、政府は赤シャツのバンコクでの集会に先立ちISA（国内治安法）を適用したのに、PADのプレアビヒアでの集会では暴力沙汰が起きることになるという情報がたっぷりあったにもかかわらず、そうしなかった。PADが来る数日前に、この地域に駐屯する国境警備警察は、村落の自衛組織からPADのデモ隊に使わないように銃を押収してさえいたのである。

　両者睨み合いとなった後、ウィーラ・ソムクワームキットが率い、退役将軍も1名入っているPADの小さな1グループが、翌日、非戦闘区域の丘を訪れることが許されたが、大多数のデモ隊は戻らされた。私は、ちょうど時間に間に合って、PAD代表者たちといっしょに丘へ行くことができた。彼らの何人かは昨日の抗争で怪我をして包帯を巻いていた。短い移動は、厳重なセキュリティーの下で行なわれた。軍は、バス1台をPAD、もう1台を報道に用意してくれた。モー・イーデーンの断崖——プレアビヒアのすぐ裏側にある——の小さな寺院で、PADの代表者は報道陣に対して声明を読み上げ、カンボジア人

9月20日、モー・イーデーンの寺院で声明を読み上げるPADの代表者とデモ参加者たち。

は両国政府が承認した覚書を破ったのだから、彼らを紛争地帯から追い出すことを軍に求めると述べた。PADメンバー数名が「我々の土地から出てゆけ」とスローガンが書かれた幕を掲げた。PADは前回、プレアビヒア全域の返還を要求したのだが、今回の抗議は紛争地域内における道路建設とカンボジア人村民の定住に対してのみ行なわれた。我々は早急にその場を去った。

　非戦闘区域が始まる地点にある検問所に戻って、私は軍の将校数名にPADの抗議活動についてどう考えているのか聞いた。私が聞いた将校全員が抗議活動を支持していなかった。彼らは、この問題は軍ではなく外交が解決するべき問題であり、PADは我々にとって、問題をややこしくさせているだけだと述べた。1人の大佐は「これはバンコクとプノンペンが起こした問題で、ここにいる我々はその尻拭いをさせられている」と語った。

　PADによる抗議声明が発表された時、PADの中核指導者はこの声明を支持していないと述べた記事がメディアに登場した。ここにいたPAD代表者たちはそれを強く否定した。サンティ・アソークのメンバーで退役軍人のリーダーの1人は、抗議活動の間、常に中核指導者チャムローン・シームアンと電話で

連絡を取っていたと語った。国境警備警察（BPP）の情報将校もチャムローン・シームアンはサンティ・アソークのセンターにいたと言っていたから、間違いない。私はホテルに戻り、ASTV（訳註：ソンティ・リムトーンクン所有のテレビ局。PAD寄りの報道機関）を見たが、抗議活動を批判する報道はまったくなく、支持するものばかりだった。PAD指導者の1人チャチャワーン・チャートスッティチャイは、ニュース番組で、この週末は時間がなかったが、一緒に抗議に参加したかったと述べた。PADは、騒ぎに巻き込まれたのは村民ではなく、ネーウィン・チットチョープが組織した人たちだったと述べた。

　翌日、私が村人にインタビューをしたところ、彼らはネーウィンの関与を強く否定した。彼らは、PADのデモに対する活動は、周辺5つの区（訳註：村の上位にあるタムボンと呼ばれる区域）5人のカムナン（区長）が組織したものだと語った。ネーウィンが村民に対して、PADの抗議運動に怒れと命ずる必要はないとも言った。前の年に彼らはPADと闘っており、国境閉鎖は彼らの収入を大幅に減少させること意味した。彼らの生活はプレアビヒアの観光客に大きな部分を依存していた。観光客はこれまで、お土産や森でとれるものを買ってくれていたからだ。小規模な国境貿易も村人の生活に重要なものだった。彼らはカンボジア人から森でとれるものを買い、カンボジア人は衣類や電気製品など、カンボジア側で高いものを買ってくれたのだった。これらはすべて、2008年のPADの抗議によりだめになった。国境の閉鎖で村人の収入は半分以下となった。それに、村人の多くはカンボジア側に親しい親戚がいたので、また衝突が起きることを恐れた。村民を組織した区長の1人は、もしPADがまたここに来るというのなら、県全体を組織して彼らを阻止するとはっきり言った。

　9月25日、バンコクの首相府占拠の科（とが）で告発されたPAD指導者たちが首都警察本部に尋問のために出頭した。発言を拒否した彼らは、指紋を押捺させられたあと、すぐに解放された。

　そのあとPADが久しぶりに公の場に登場するのは、10月7日、前年の騒乱の犠牲者を悼む記念式典の場だった。式典は、早朝、数百名の僧侶への喜捨と祈りで始まった。それから彼らは民主記念塔、さらにタムマサート大学まで行進し、そこで深夜までセミナーを行なった。タムマサート大学の反対側にあるサナーム・ルアンには、数名の赤シャツが常設の設備──2つのステージと数張りのテント──に残っていたため、やや緊張があった。両サイドからパチンコ玉が発射されたが、統制力は効いている状態だった。

【上】9月25日、首都警察本部で指紋を押捺させられるPAD指導者ソムキアット・ポンパイブーン。
【下】10月7日、前年の騒乱の犠牲者を悼む記念式典に集まったPADの人たち。

　この日、私にとって一番興味深かった出来事は、ロイヤルプラザで起きた。私に親PADのウェブサイトのオーナーが近寄ってきた。彼は、過去、何度も私がタックシンに金で買われたと非難していた。我々はそこで、長時間、一度もけんか腰にならず、友好的に話し合った。そのあと、彼は私に好意的な記事さえ書いてくれたのである。
　私はさらに、PAD護衛隊と率直に話し合ったが、これも私を少し驚かせた。

第13章●プレアビヒアの賭け、黄色動く

私はいつも、話し相手にやや挑発的なこと言う。その反応を見て、相手が自分と異なった意見にどの程度寛容か見るためだ。それで、私は、一般大衆の人たちが今、自分たちの国がどのように統治されるのかを気に掛け始めたのは良いことだと考えていると言ってみた。だから、人々が赤シャツに加わるというのは、見てのとおり、彼らが政治意識を育てつつあるということからわかるように、良いことだと思う、と。私が話したPAD護衛隊の人は、赤シャツの主義主張は自分たちとは正反対だが、その点については同意すると言ってくれた。もし軍がまたクーデタを起こそうとするなら、赤シャツとPADは共に反対するということが十分ありうるとまで言う人もいた。そこには、相も変わらず汚職がはびこる現在の政府に対する共通の失望感が感じられ、民主党とネーウィン・チットチョープの結びつきはきわめて批判的に見られていた。
　2008年には、ほとんどのPADメンバーは、UDDと赤シャツメンバーには政治理念などまったくなく、彼らは金で雇われたごろつきだと唾棄するのが常だったのである。

第14章
社会大衆運動

　2009年10月17日、赤シャツは首相府で抗議集会を再開し、政府にタックシン恩赦請願の処理期限を60日と告げた。集会は特に問題なく行なわれた。注目すべきは、退役レンジャー（タハーンプラーン──黒い制服を着用し、戦闘が激しくなると常に投入されるボランタリーな偵察隊）が赤シャツの護衛隊としての機能を果たしたことであった。このレンジャーたちが最初に現れたのは、前の週の民主記念塔での赤シャツの抗議集会であった（しかし、私は、ソンクラーン暴動の直前、3月30日に制服姿のレンジャー2人を見つけ、写真に収めていた）。彼らは、赤シャツが国家警察本部で小規模な抗議集会を開催したあと、PADが赤シャツを攻撃するとの噂があったので、タクシー・コミュニティ・ラジオ局を守るためにウィパーワディー・ソイ3にいたのである。情報員は、これらの元レンジャーは、セート．デーン（訳註：「赤の参謀」。陸軍内部でタックシン支持を公言する数少ない将校の1人、カッティヤ・サワディッポン少将のこと。少将はその後、2010年5月に暗殺される）に近い軍の将校が経営する会社に警備員として雇われていると教えてくれた。さらに彼らは、元陸軍長官で元首相のチャワリット・ヨンチャイユット将軍に深く忠誠を誓ったレンジャーのグループであった。チャワリットは、最近タイ貢献党の党員となったが、レンジャー部隊の父と見られていた。レンジャーについてはまだはっきりわからないことがある。私は、現役のレンジャーにも会っているし、レンジャーの服装をしているだけで、この準軍事組織のメンバーではない人々も見ている。数名のレンジャーは私に、ソンクラーンの時のように、軍が赤シャツを追い散らすようなことをすれば、やりかえすだけだ、と強く言った。

　10月25日、私は再びイサーンに行き、ウドンターニーから40Kmの所にあるノーンウアソー村で行なわれる赤シャツの抗議集会に参加した。ウドンラバーズが今行なっている活動の1つが、もっと沢山の人を収容でき、もっと大

きなラジオ局を設置できる大きな土地を購入するための募金であった。周辺の村から2000～3000人の村人が集会に参加し、タックシン・チンナワットもフォーンインを行なった。お祭りのような雰囲気で、今後の集会予定が発表され、モーラムとプレーン・ルークトゥン（訳註：「田舎ものの歌」という意味の、農村の人々や労働者に人気のある歌謡曲。演歌からロックまで非常に幅広い）の歌手がハーン・クルアン（カラフルな服装をしたダンサー）を伴ってステージで歌い、そして地元選出の国会議員がスピーチを行なった。赤シャツへの支持がかくも深いのは、驚きと言うしかない。おそらくウドンターニーは親赤シャツが最も良く組織された県なのであろう。多数の有力な地元ビジネスマンが、ウドンラバーズの指導者であるクワンチャイ・プライパナーを支持した。ウドンラバーズと地元警察の関係は非常に親密だ。警察上層部の1人はクワンチャイを地

【上】ウドンラバーズのコミュニティラジオ局。
【下】ウドンラバーズの指導者クワンチャイ・プライパナー。
【下・右ページ】ノーンウアソー村の赤シャツ派集会。ステージで行なわれたスピーチと音楽。

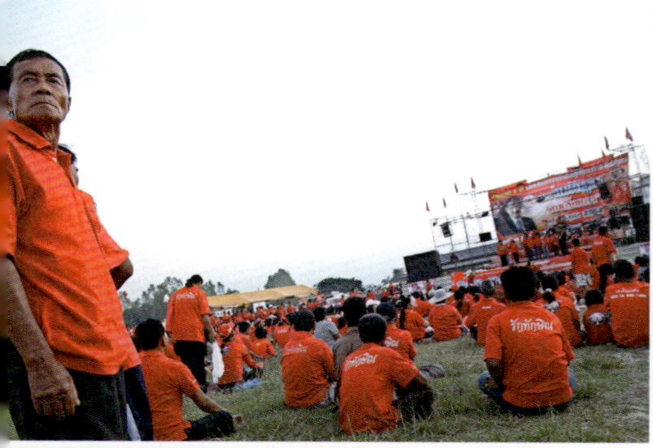

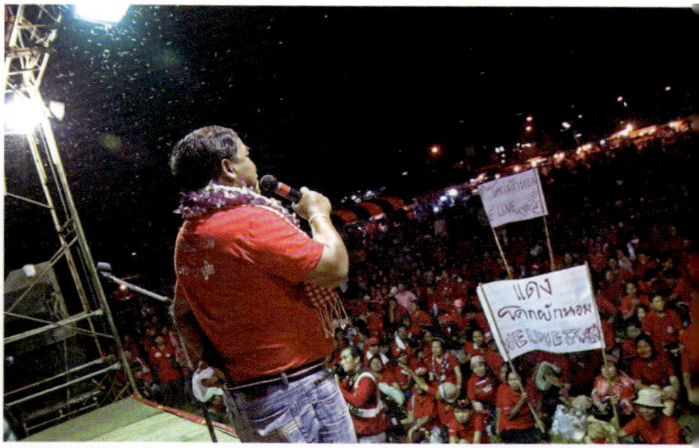

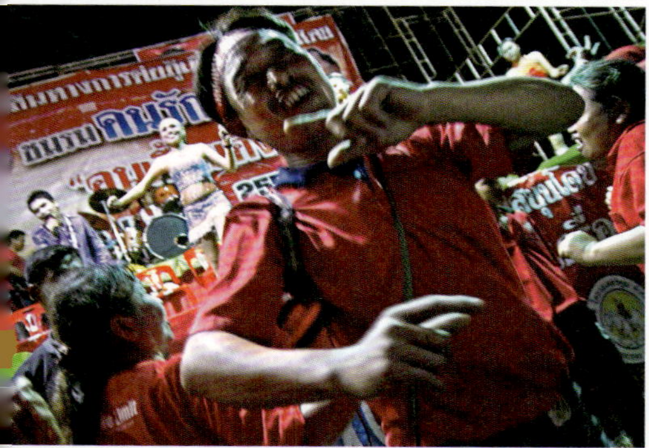

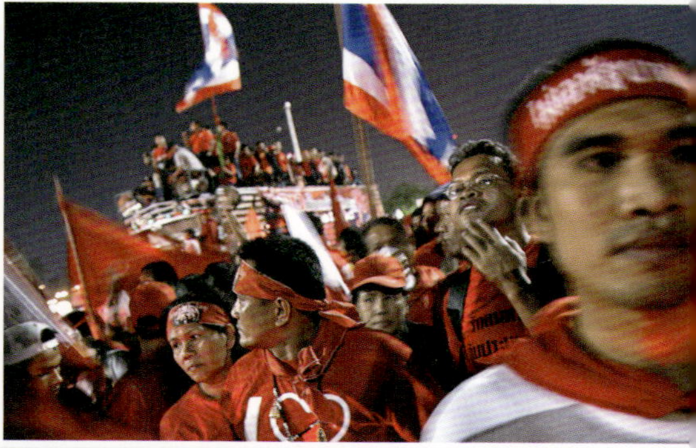

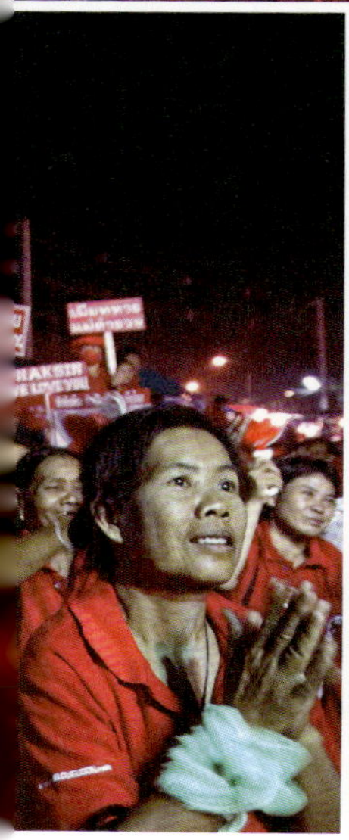

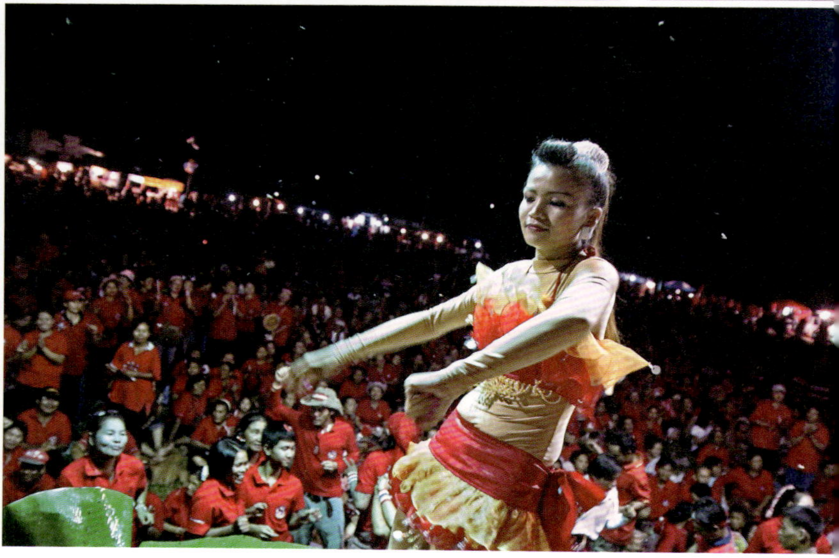

元の有名な寺院に連れていきさえした。そこで、僧上は非常に人気の高い魔除けの護符を我々に下さった。翌日クワンチャイ・プライパナーは、ウボンラーチャターニーで開催されたイサーンの全赤シャツ指導者の会議に出席し、私たちもいっしょに連れていってくれた。運転手とボディーガードは武装警官であった。会議はウボンから30分ほどの小さなリゾート地で行なわれ、イサーン全土のリーダー約300人が出席した。仕切ったのは、全イサーンの2名の責任者――解散させられたタイ愛国党（訳註：2007年、憲法裁判所が選挙違反を理由に解散命令を出した）議員である"イサーンのランボー"スポーン・アットターウォンとアリスマン・ポンルアンローンである。

赤シャツは、社会大衆運動と定義づけられるもののすべての要素を手に入れた。彼らは、明確な政治イデオロギー構築し始めている。タックシン・チンナワットと軍事クーデタによる彼の追放は、今でも赤シャツの最も重要なシンボルであるが、彼らは次第にタイの体制の変革――彼らがアムマータヤーティッパタイと定義するもの（保守派エリートの支配）から民主主義への移行――に向けての闘いに的を定めつつある。これはもはや、彼らの選んだ政党――タイ愛国党の名前が替わっただけのタイ貢献党――の復権を達成するための民主党政権・アピシット首相に対する闘いではなく、社会システムの根本的な変革なのだ、と彼らは語る。もちろんこの闘争は、赤シャツがタイ社会全体を支配する「親分・子分関係」――赤シャツが彼らの敵を非難する理由でもある――の中で不利な立場に置かれてきたという社会的・歴史的文脈において捉えていかなくてはならない。

赤シャツの組織体制はソンクラーン暴動以降、整備が進んでいるが、まだ動員を始めたばかりの県が多く残っているので、もっと良くなる可能性が高い。メディアには、赤シャツはソンクラーン暴動で多くの支持を失ったという見方がある。さらに軍は、ソンクラーン後赤シャツは大打撃を受けた、そして世間の空気も赤シャツはだんだん弱くなっていって、だめになるだろうというものだ、と確信している。しかし、これらの見方は、赤シャツが大衆の強い支持を受けているという事実、そして彼らが戦略を変えてきたという事実を無視している。彼らは、バンコクの大規模な抗議集会に力を集中する代わりに、活動のありかたを見直して、全国レベルの良く組織されたネットワークを、特に活動の心臓部となる北部とイサーンの各県に構築した。彼らは、20～30名のカンマカーン・スアン・クラーン＝中央協議会（運動の中心と聞いているウィーラ・

ムシッカポンが議長）を作り、地域ごとに責任を割り当てて、各地域の個々の活動に明確な序列的指導体制を導入した。

　赤シャツの運動を担う小グループが全国ベースで400以上作られた。最も良く組織化された県は、村、区、郡におのおの協議会があり、県指導者がいて、地域全体の責任を担う指導者が監督するという体制となっていた。バンコクにおいては、すべての郡がそれぞれの指導体制に基づき、1つ以上のグループを持っている。メンバーは、政治イデオロギー、戦略、戦術を議論するために定期的に集まる。赤シャツは、会員証を保有し、写真と個人情報はデータベースに管理される。2009年9月よりUDD幹部学校がウエーン・トーチラーカーン博士や特に彼の妻であるティダー・ターウォンセート──消滅したタイ共産党中央委員会の元メンバー──のような大衆運動から生まれた指導者のイニシアティブにより全国的に設立された。学校では、抗議戦略と政治意識がその地域の赤シャツの指導者に教えられた。当初2日間のコースであったが、コストの問題からその後1日のコースに変更された。

　こうした専門知識を活用することによって、赤シャツの指導者は、ソンクラーン暴動の時のような運動の崩壊を二度と繰り返さないように努めている。多くの非公認の学校ができ、そこで講師は自分が学んだことを地元の赤シャツの組織に教えた。赤シャツの護衛隊は組織化と訓練が進み、ほとんどすべての県の赤シャツが自分たちの護衛隊を持つようになった。セート．デーン（訳註：「赤の参謀」＝カッティヤ少将）に訓練された「タークシン王の戦士」は、自分たちを「ローニン」と呼ぶようになった[6]。他の護衛隊もそれを真似て、凝った名前をつけるようになった。ラートプラーオ・ソイ20のコミュニティ・ラジオ局の支援者たちが作った護衛隊は、自分たちを「民主主義グラディエーター」と名づけた（彼らは、サムット・プラカーン、コーンケン、チェンマイの各コミュニティ・ラジオ局と提携していた）。ミンブリーのラジオ局はカイ・チョン（「闘鶏」──ミンブリーは闘鶏で有名）、またピサヌロークではナックロップ・プラ・オン・ダム（黒い王子の騎士団）と名乗った。この名前はアユッタヤー王朝のナレースワン王の幼少時代のニックネームから取られた。王の生地はピサヌロークである。

　赤シャツは、現在、多数の発信媒体を持っている。もちろんバイアスのかかったプロパガンダ・ツールではあるが、それは多くの点で、ASTVとその関連の新聞やウェブサイトのように、PDAと結びついたメディアをモデルにしている。それは、運動とメディアの連携を本来以上に効果的に機能させてきたので

ある。ソンクラーン暴動の間とそれ以降、赤シャツの発信媒体への取り締まりが続いたが、彼らはピープルチャンネルTVと名前を変えたサテライトテレビ局を再開させた。さらに彼らは、『タイ・レッド・ニュース』、『タックシンの声』、『今日の真実』など、無数の出版物を作成して販売している。それらは運動内での各々のグループの意見を反映して、編集姿勢が微妙に異なっている。また、非常に過激な自主独立系のビラやファン雑誌が地下出版されて出回っている。彼らはこれまで数えきれないくらいの数の書籍を販売してきた。彼らのコミュニティ・ラジオ局は、新しい機材を購入して、放送を再開し、次第に放送網を全国的に広げている。ウェブサイトについては、公式サイトでも自主サイトでも、閉鎖させられると、すぐさま新しいアドレスのサイトを再開し、常に警察や検閲を出し抜いてきた。赤シャツはソンクラーン暴動による最初のショックが治まったあと、明らかに組織力と動員力を改善させ、より洗練されたプロパガンダ戦略を開発し、非常に革新的な募金活動を行なってきた。その結果、膨大な数のデモ参加者すべてではないにしても、支援者の数はだんだん増加してきている。

　しかし、赤シャツを理解するのに必要不可欠なのは、一般メンバー個々の政治意識の発展ということである。以前の彼らは単純にタックシンを支持するだけであったが、今では、民主主義の基本的な問題、市民としての権利、赤シャツの活動に参加することで自分たちの状況を変革できる可能性などについて十分に認識している。彼らの闘争はしばしば単純に「貧乏人と金持ち」の争いの1つと描かれている。当然、その要素はある。しかし、今日のタイは、発展途上の国々と比較して、従来のいわゆる「貧困者」はごく小さな部分でしかない（貧困ラインを下回る人々は8.5％に過ぎず、大半の人々はこの貧困ラインの少し上にいる）。最貧層の人々は、赤シャツ活動支持者の大きな部分を占めているわけではない（もちろんPADが彼らを代弁しているということはまったくない）。とはいえ、タイの富める者と下層社会の人々の間に存在するきわめて大きな格差──世界で最も大きい格差の1つ──に人々はだんだん気づいてきて、その結果、当然のことながら、経済的・法的・政治的な不平等に対するきわめて正当な認識が生じ、自分たちの必要を満たすためには社会全体の仕組みの変革が必要であるという確信が大きくなっていった。このような不公正の認識とそれに伴う変革への渇望は、地方でも都市でも赤シャツの運動における多数の中産階級に見られるように、堅固に構造化されたタイで階級間に橋を架けることになり、運動

の強力なエネルギーにもなっているのである。私は抗議デモで、あらゆる階層の人々に会い、話をした。いまや中産階級にも上流階級にも多くの赤シャツの活動グループが存在し、ネット上でも実生活でも、定期的に会って、政治について議論している。

　タイ社会が多元的だということはだんだんはっきりしてきたが、この多元性は議会政治にはまだ反映されていない。「タイ愛国党」そしてその後継政党――解党処分を受けた「国民の力党」と「タイ貢献党」――はタイで初めて政策を掲げて政治運動を行なった政党ではある（そして、投票者への選挙公約の多くを実行した）が、まだ、政治的にまた経済的に異なったさまざまな背景を持つ多くのグループが便宜的に結びついたものにすぎない。とはいえ、これまで民主主義ということで、組織の独立性が軽んじられ、人権が侵害されてきた事実を、この結びつきが突き崩したのも事実である。

　しかしながら、しばしばタイで唯一「真の」政党だという間違ったレッテルを貼られてきた民主党は、一般大衆の状況の改善を目指す政策を持ったことなどほとんどなく、欧米で教育を受けたというだけで力など持たない政治家たちを表に立ててはいるが、依然として親分・子分関係のネットワークに依存する、政治イデオロギーに欠けた政党なのである。

　インソーン・ブアキアオと歴史家のスターチャイ・イムプラスート博士は、2009年に社会主義政党の設立を試みたが[7]、社会主義政党は「共産主義者」と規定され、民主主義を侵害するものであるとして、彼らの申請は選挙委員会により直ちに却下された[8]。もしこの試みが成功すれば、社会主義的傾向のある政党がすべて政府により解党された1976年の弾圧以来、最初の社会主義政党となるはずであった[9]。

　タイ社会は、政治的覚醒への道を猛スピードで進んでいる。政治に目覚めたタイの新しい層が自分たちの考えを表現できる場は赤か黄かの路上政治しかない。その立場は、共感から支援――おおっぴらに、あるいはこっそりと――の手を差し伸べる、活動家となってしまう、までさまざまである。赤のグループも黄のグループも自分たちの政治信条を強力に推進してきたが、議会のほうはだんだんピントがずれてきて、彼らの政治的な立場や渇望を反映することがない。

　愛国主義で王党派のPADは、伝統的な右翼の定義からは逸脱した反グローバル的資本主義傾向の強い、さまざまなナショナリスト過激派の総称、サード・

ポジショニズム（訳註：資本主義と共産主義の両方に反対する第3の位置に立つ政治思想。排外的・復古的国家主義の色彩が強く、欧米では極右ネオ・ファシストのうわべだけの理論だとする見方が強い）の反動的アジアバージョンと見ることもできる。サード・ポジショニズムの典型は、まさにPADに見られるように、極右と極左が同じ陣地を築くということである。そこでは、チャムローン・シームアンのような右翼とソムサック・コーサイスクのような左翼と多数の元タイ共産党員がうまく共闘しているのである。ウルトラ王党派という基盤と、流浪の元首相タックシン・チンナワットそして彼が提示した資本主義的政治に対する強い拒否反応は、いまなお彼らの立場を最も明確に表すものとなっている。彼らはタックシンを超える政治的なイデオロギーを発展させようとしているが、思想的には、彼らが「アジア的」社会には適さないと考える「西洋的」モデルの国家のあり方を拒否しながらも、それに替わる理論的なモデルは構築途中で、まだ混乱のさなかにある。古い「サクディナー」的封建体制の一部と道徳的には仏教に基盤を置いたユートピア的社会を結合したものが、彼らの描くタイの未来像なのであろう。

　赤シャツ派の思想は、貧困層への革新的な配慮と国際主義的なグローバリストの視点を併せ持つ社会自由主義的資本主義（訳註：社会自由主義は社会的公正を重視する自由主義。ヨーロッパでは中小規模の中道または中道左派の政党が多い）に基づくもので、PADの論理とは正反対である。しかし赤シャツの運動には、マルキストから資本主義者まで数多くのグループがある。大多数の赤シャツはいかなる過激なイデオロギーをも信奉するものではなく、単に平等な権利と機会、経済的発展、そして政策決定過程への参加を要求しているだけである。タックシン・チンナワットは彼らのシンボルであるが、赤シャツの政治的イデオロギーがそのタックシンが首相の時に提示したものを徐々に乗り越えつつあるのは興味深い。とはいえ、赤シャツとタックシンの緊密な関係は、両者が依存しあっているかぎり、当分はこのまま続く可能性が非常に高い。タックシンは大衆迎合政策によって、彼に深く忠誠を誓っている赤シャツ支持の大衆を吸い寄せる。そしてタックシン自身も同様に交渉の切り札として赤シャツ支持の大衆を必要としている。

　勿論、これらの政治的な立ち位置は、タイの文脈――政治がほとんどエリートたちだけのゲームだったこれまでの社会――の中で見なくてはならない。激動の1970年代においても、本当に政治に目覚めた層はほんのわずかで、大多

数は政治には無関係か、あるいは政府のドグマに盲従するだけだった。今日違ってきているのは、政治闘争の推進力の中心は一般大衆の熱心な政治参加であり、エリートたちの闘争は、大部分、路上で展開する政治運動に反応したものだということである。2005年後半の政治的に不安定な時代が始まった時、反タックシンのエリートたちはソンティ・リムトーンクンとPADを、侮ることはしないまでも、いくぶん不信感を持って見ていたが、やがて彼らはPADの大衆行動の訴求力を認識して、この黄色のシャツをまとったデモの人々を利用することにした。同様にタイ愛国党のエリートたちも最初は控えめだったが、やがて、民主活動家たち、特にタイ愛国党の下部構成員が独自に組織した全国規模の反クーデタ・グループを支援するようになり、それがUDD（反独裁民主同盟）の成立につながり、赤シャツのネットワークが拡大することになったのである。

　2つのイデオロギーに基づく大衆運動が、タイの政治と社会を作り変えようとしている。その両方の側で同じ1人の人物——タックシン・チンナワット——がほとんど正反対の立場でのシンボルとなっている。赤シャツにとってタックシンは、民主主義の発展と平等な社会を目指す運動の代表者であり、PADにとってのタックシンは、タイ社会の汚職と不公正の究極の見本なのである。

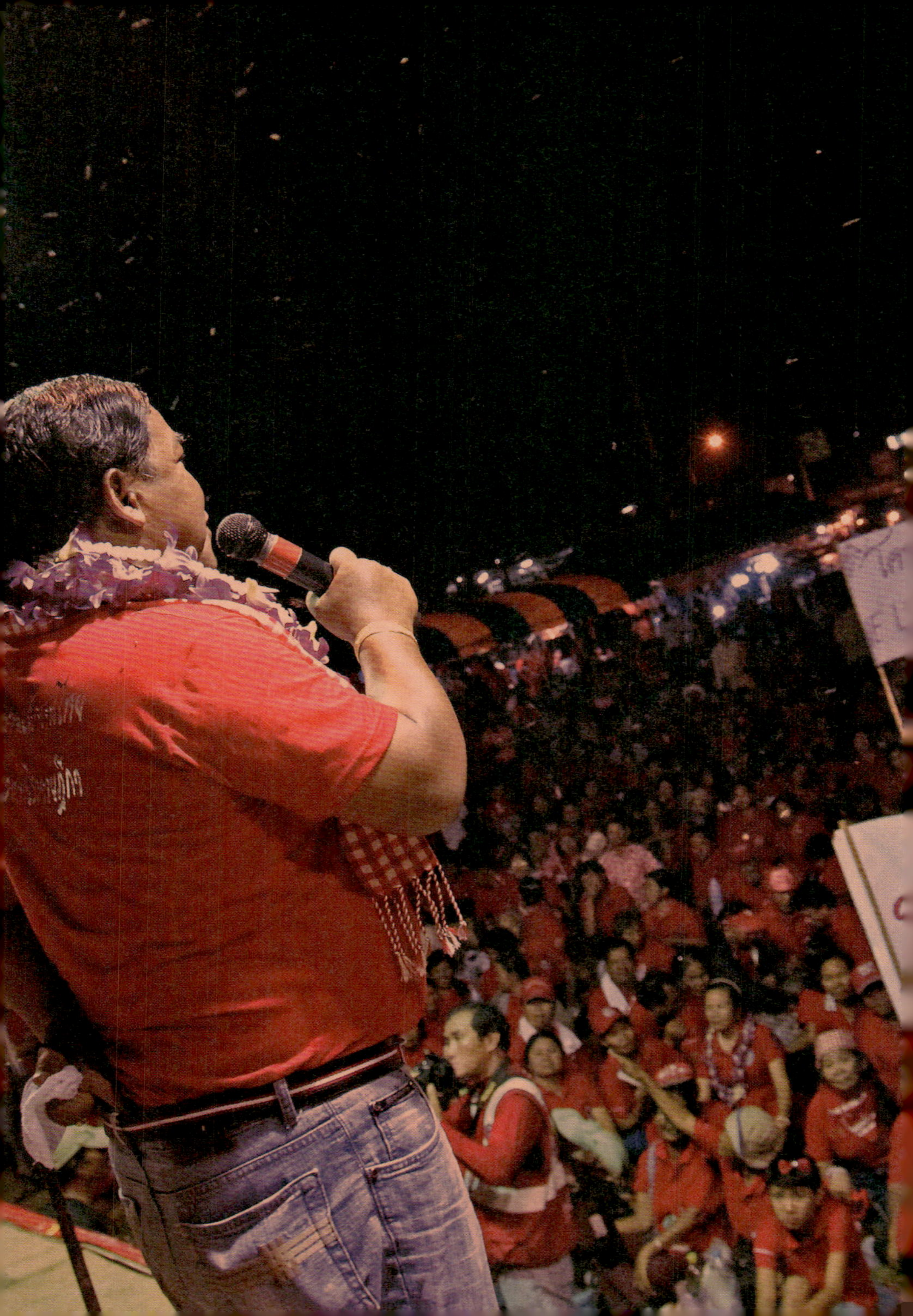

あとがき

　連立政権とその支援勢力は、赤シャツを追い払い、特に彼らが反王制主義者で王室に敬意を払わないと絶えず非難し続けることが悲劇を起こさない秘訣だと思っている。赤シャツの大多数を占める膨大な数の人々はこういった考え方をはっきり拒否する（タイではきわめて過激な存在の少数派の共和主義者さえも、赤シャツの大衆は彼らの見解を受け入れないと知って、自分たちの意見を述べるのは自分たちのサークルの中だけにとどめている）。政府とその個々のメンバーが赤シャツは「王室を政治に引きずり込んだ」と非難するのは、政府自身が「王室への忠誠を示そう」という呼びかけやキャンペーンで何度も自分たちへの支持を高めたことからすると、とてもうさんくさい。赤シャツのほうからすると、非常に不愉快なことだが、政府は政治闘争の一方の側にいるので、自分たちだけが正当な王制派であるということを主張しているように思える。これは、社会の大きな部分で、本来すべてのタイ人が等しく近づくことができなければいけない制度から、政治的に対立する側によって自分たちは排除されたのだという感覚が作られるということで、きわめて危険な政治ゲームと言えよう。政府とその取り巻きのエリートたちがこうした近視眼的な戦法を過度に使うことによって、いつか、赤シャツの活動を非難する誤った理由を作り出してしまう危険がある。王室をめぐることはすべて、もっともセンシティブなのである。

　赤シャツの抗議は強まると思われる。そして必然的に、敵の反撃も激しくなるであろう。今年、PADは比較的おとなしいが、彼らはまだ存在しており、過小評価すべきではない。彼らは、自分たちが一部のエリートの道具ではなく（過去にはエリートの大きな後ろだてがあり、現在もまだある程度は支持されてはいるが）、自分たちの権利で行動しているのだと示そうとしている。この１年、特にソンティ・リムトーンクン暗殺未遂事件以降、PADと政府や軍との間に問題がだんだん増えてきた（政府内の中心となる支持者はまだPADに近いが）。しかし、ソンクラーン暴動以後、赤シャツの復活がはっきりしてくると、PADと政府、特にプレーム派との関係は改善されてきた。彼らの結びつきは、共通の敵——赤シャツとタックシン・チンナワット——に向かうとき、容易に復活する。

　赤と黄の側だけでなく、中立派と目されている人々からも、内戦の可能性が

口にされることがだんだん増えてきた(赤と黄の人たちは既に内戦に向かって動き出していると考えている)。2つの大きな運動の正反対の政治思想、その潤沢な資金能力、一般市民の多くの階層からの厚い支持、そして軍の政治関与の拡大などからすると、これは本当に最悪のシナリオだ。しかしながら、両者の対立がこのままの道を進むとするなら、これは考えられないことではない。もし赤シャツの要求が政府と政府に結びついているエリートによって問答無用に退けられることが続くなら、当然ながら、赤シャツ指導部の穏健派は地歩を失い、過激派が正当性と支持を獲得するだろう。

　数ヶ月にわたる組織強化のあと、少し遅れたが、赤シャツは、2010年3月12日に大きなデモ活動を開始した。最初の月は平和的だった抗議活動は、途中からきわめて暴力的なものに変わり、軍と流血を伴う衝突を何度か繰り返し、バンコクの心臓部であるラーチャプラソン交差点の6週間にわたって占拠することによって頂点に達した。5月13日から19日までの6日間、バンコク中心部は戦場と化し、騒乱は終結した。公表された騒乱による死者数は91名で、この中には、作戦行動中の兵士7名と警察官2名、そして外国人ジャーナリスト2名が含まれていた。2000人近い人が怪我を負った。これらの騒乱は、この本の次号となる第3巻で取り上げることにする。

原註

❖はじめに

1 Paul Chambers,"U-Tutn to the Past? The Resurgence of the Military Contemporary Thai Politics", in Aurel Croissant, Paul W.Chambers und Thitinan Pongsudhirak(eds), *Democracy Under Stress: Civil-Military Relations in South and Southeast Asia*(Bangkok: ISIS, forthcoming, February 2010)

2 Embassy of the Federal Republic of Germany Bangkok, Press Release, May 22, 2009.

3 H.Leyendecker and O.Meiler, "Ein Milliardär auf dem Amt", *Sueddeutsche Zeitung*, June 5, 2009.

4 Juergen Koppelin, "Thaksin in Bonn-Was wusste der BND?", www.juergen-koppelin. de(my translation).

5 Juergen Koppelin, "Demonstrationen in Bangkok beendet", www. juergen-koppelin. de(my translation).

6 Reporters Without Borders, World Press Freedom Index 2009, http://en.rsf.org/.

7 Jonathan Head, "Police arrest Thai website editor", BBC News, March 6, 2009.

8 The former columnist is known to me, but I have not revealed his identity, so as not to cause him more difficulties as he is still a state employee.

9 Jom Petpradab's statement, Prachatai, September 11, 2009.

10 "Writer forced to resign from Amarin Printing's book award committee for supporting the reds", Prachatai, June 1, 2009.

11 A Statement by the Asian Human Rights Commission, Thailand: "To support Human Rights, NHCR should resign", May 4, 2009.

12 ISOC was a remnant of the cold war, revamped after the military coup and given a massive budget, norminally under the authority of the Prime Minister, but its day-to-day operations are entirely under the control of the military.

13 Jonathan Head, "Thailand's deadly treatment of migrants", BBC News, January 17, 2009.

14 Alan Morison and Chutima Sidasathian, "Exclusive: Secret Rohingya 'Exile Island' Revealed", Phuketwan, January 9, 2009.

15 "PM granted interview to CNN on Rohingya issue", February 12, 2009, transcript, media. thaigov.go.th.

16 "Court clears military in Tak Bai case, Security forces were 'just doing their duty'", *Bangkok Post*, May 30, 2009.

17 Human Rights Watch, "Thailand: Serious Backsliding on Human Rights", January 10, 2010.

18 David Streckfuss, University of Wisconsin-Madison and Thanapol Eawsakul, Editor of Fah Diew Kan/SameSky, "Speaking the Unspeakable: Lèse Majesté and the Monarchy in Thailand".

19 Paul Handley, *The King Never Smiles: A Biography of Thailand's Bhumipol Adulyadej* (New Haven, CT: Yale University Press, 2006).

20 Thanong Khanthong, "Lord of Suvaranabhumi", *The Nation*, December 5, 2009.

21 Nirmal Ghosh, "Caught in the crossfire", *Straits Times*, February 11, 2009.

22 Bangkok Pundit, "Foreign Journalists are Mercenaries for the Evil One", February 4, 2009, http://us.asiancorrespondent.com/bangkok-pundit-blog.

❖第 1 章 ▪ 舞台の準備
1 Pravit Rojanaphruk, "Question loom over new Prime Minister's legitimacy", *The Nation*, December 17, 2008.
2 Thitinan Pongsudhirak, "Feet to the fire-New Prime Minister Abhisit Vejjajiva will be tested by both the red shirts under the United Front of Democracy Against Dictatorship and the yellow shirts under the PAD", *Bangkok Post*, December 19, 2008.
3 Chang Noi, "When the beauty of democracy is not so beautiful", *The Nation*, December 22, 2008.
4 "PM defends foreign minister's airport comments", AFP, December 24, 2008.
5 Wassana Nanuam, "Army to visit Isan to soothe social disunity", *Bangkok Post*, December 18, 2008.
6 "Army tries to evade questions on Bt2 billion fund", *The Nation*, February 9, 2009.
7 "Prem says Thailand lucky to have Abhisit as PM", *The Nation*, December 28, 2008.
8 Speech by H.E. Mr Abhisit Vejjajiva, Prime Minister of the Kingdom of Thailand, on "Taking on the Challenges of Democracy" as St.John's College, Oxford University, March 14, 2009.
9 The Red-Yellow conflict is strongly represented in Thai communities abroad, most initially forming PAD support groups Sondhi Limhongkul frequently visited; the emigrants also sent massive financial support to their Thai-based brethren. But later many Red support groups were also established by Thai emigrants.
10 "PM attends funeral of PAD member", Prachatai, February 18, 2009.
11 Nick Nostitz, *Red vs. Yellow, Volume 1: Thailand's crisis of identity* (Bangkok: White Lotus, 2009), p. 39.
12 In Volume 1 of *Red vs.Yellow*, at p.54, I erroneously gave the date of this conference as January 2008.
13 "Justice Minister launches 'justice spy' scheme for people to inform on corruption and protect the monarchy", Prachatai, May 5, 2009.
14 A somewhat similar situation arose during the Thaksin administration in the drug war when minors were trained to inform on their peers who took or dealt in drugs. In one case a minor in a police volunteer organization was murdered by fellow youngsters not far from my house as a result of his work for the police.
15 (Bangkok: Workers Publishing Co., 2007.)
16 "Closed trial threatens justice", Amnesty International, Thailand, June 25, 2009.
17 Marwaan Macan-Marker, "Lese Majeste Cases Rise, But Public in the Dark", IPS, May 14, 2010.
18 Bangkok Pundit, "Suwicha Thakhor was finally pardoned and released on June 28, 2010", and "Thai blogger gets royal pardon", June 30, 2010, www.asiancorrespondent.com/bangkok-pundit-blog.
19 Luksna Kornsilpa, Press Release, "Summary of the Charges Filed & Major Issues of each Case plus Additional Notes", Thursday, July 9, 2009 11:00 a.m., Metropolitan Police Bureau headquarters Bangkok.

❖第 2 章 ▪ 戦力増強
1 "Red-shirts take over PAD rally site", *The Nation*, January 24, 2009.
2 "5 injured in Red-VS-Red clash in Chiang Mai", *The Nation*, February 13, 2009.

❖第 3 章 ▪ D-デイ：決行の日
1 chris baker/new mandala/901; royal politics and Thaksin Shinawatra, comment, March 29, 2009, http://rspas.anu.edu.au/rmap/newmandala/2009/03/24/901-royal-politics-and-thaksin-shinawatra/.

2 "Thaksin's close family leaves Thailand", *The Nation*, April 8, 2009.
3 "Red-shirts assault Abhisit's motorcade", AFP, April 7, 2009.
4 "Defining Betrayal, Newn to Thaksin: Tell your men to stop hurting the monarchy", *The Nation*, April 7, 2009.

❖ 第4章 ▪ 道路封鎖、パタヤ崩壊
1 "Hit-and-run driver plunges car into UDD protesters", TNA, April 9, 2009.
2 Parista Yuthamanop, "Chaos and Anger: Just Young Men Itching For A Fight", *Bangkok Post*, April 12, 2009.
3 "I underestimated the red shirts: Suthep", *The Nation*, May 25, 2009.

❖ 第5章 ▪ バンコク燃ゆ
1 Nirmal Ghosh, "Anatomy of Anarchy", *Straits Times Blogs*, April 18, 2009, http://blogs.straitstimes.com/2009/4/18/anatomy-of-anarchy.
2 Information from a confidential source in the intelligence community who checked the road before and after the placing of the gas tanker.
3 Hannah Beech, "bangkok Protests End; Thais Mull a Divided Nation", *Time*, April 14, 2009.

❖ 第6章 ▪ 闘いが過ぎて
1 Based on iterview with Prachatai staff.
2 "Military insists not a single bullet fired on Sonkran Day", *The Nation*, April 30, 2009.
3 Tim Johnston and David Pilling, "Financial Times Interviews Abhisit", *Financial Times*, April 28, 2009.
4 Jonathan Head, "Thai protesters 'plan new action'", BBC News, April 21, 2009.
5 During the communist insurgency he was a high-ranking CPT cadre. Sentenced to death in 1981 for having burned down the residence of the Governor of Nakhorn Sri Thammarat and for being a communist, he was released after 15 years in 1996.
6 The name of the group was inspired by the title of Giles Ungpakorn's "Red Siam Manifesto", which he wrote while on the plane on his way to exile in the UK. When I asked Surachai about the matter, he pointed out that there were nevertheless ideological differences between Giles and himself, and that the group does not support the contents of Giles's manifesto as they see it as too radical for Thailand's present situation.

❖ 第7章 ▪ ソンティ暗殺計画
1 "Sondhi drops names, leaves everyone guessing", *The Nation*, May 4, 2009.
2 Voranai Vanijaka, "Thanphuying speaks out on Sondhi and Thaksin", *Bangkok Post*, May 10, 2009.
3 Nirmal Ghosh, "Red and Yellows desire change", *Straits Times Blogs*, May 3, 2009, http://blogs.straitstimes.com/2009/5/3/reds-and-yellows-share-desire-for-change.
4 Wassana Nanuam, "Police probe leads to military connection", *Bangkok Post*, July 23, 2009.

❖ 第8章 ▪ 赤の攻勢
1 "UDD to end rally this afternoon", *Bangkok Post*, May 6, 2009.
2 Based on interviews with confidential sources in both the police and the military.
3 "Thousands rally to give peace a chance, 'Stop hurting Thailand' push gains support", *Bangkok Post*, May 5, 2009.

4 "Military to 'explain' riot crackdown, launches PR blitz, denies it is govt's tool", *Bangkok Post*, May 1, 2009.
5 "court throws out anti-PAD cases", *Bangkok Post*, May 20, 2009.

❖第9章 ▪ 新政治党
1 Michael H.Nelson, "Thailand's People's Alliance for Democracy: From 'New Politics' to a 'Real' Political Party?" In Marc Askew (ed.), *Legitimacy Crisis and Political Conflict in Thailand* (Chiang Mai: Silkworm Books, forthcoming).
2 Michael H.Nelson, "Sondhi Limthogkul takes the helm of the New Politics Party", New Mandala, October 19, 2009.
3 "Yellow-shirts want Sondhi to lead party", *Bangkok Post*, July 3, 2009.
4 Surasak Glahan, "Blue-shirts guard PM on tour", *Bangkok Post*, July 12, 2009.
5 "Rousing welcome for PM", *The Nation*, July 12, 2009.
6 Pravit Rojanaphruk, "Conflicts of interest abound in dubious Democrat-PAD roles", *The Nation*, October 29, 2008.

❖第10章 ▪ タックシンの誕生日
1 "Thaksin party at Sanam Luang banned", *Bangkok Post*, July 7, 2009.

❖第11章 ▪ 請願の日
1 Michael K.Connors, "Article of Faith: The Failure of Royal Liberalism in Thailand", *Journal of Contemporary Asia*, Vol.38, No.1, February 2008, pp.143-65.
2 "If any folk of realm seeks court with the King, having anguish in their stomach, grievance in their heart, there is no difficulty. Go ring the bell hung there. Hearing the call, Father King Ram Kham Haeng will sift the case honestly" (Seni Pramoj, M.R., "Stone Inscripton of Father King Ramkhamhaeng: First Constitution of Thailand." In Pinit Ratanakul and U. Kyaw Thau (eds), *Development, Modernization, and Tradition in Southeast Asia: Lessons from Thailand* (Bangkok: Mahidol University, 1990), pp.18-19).
3 "The petition in full", *Bangkok Post*, August 18, 2009.
4 "Red shirts are 'within rights' to petition King", *The Nation*, August 9, 2009.
5 "State-run media outlets to remind about improper petition for a royal pardon", *The Nation*, July 30, 2009.
6 "PM-Thaksin pardon 'inappropriate'", *Bangkok Post*, 2, 2009.
7 "Officials ordered to oppose pardon", *Bangkok Post*, August 8, 2009.
8 "Schools in Buriram told to collect signatures against the red shirts' petition", Prachatai, August 7, 2009.
9 "Anupong deploys soldiers to explain to people about Thaksin-pardon petition", *The Nation*, August 1, 2009.
10 "Manager distributes compliant from for filing charges against red-shirt leaders", www.manager.co.th, August 11, 2009.
11 "King: Lack of unity ruining the nation", *Bangkok Post*, August 22, 2009.
12 "Red shirts' planned rally worries PM", *The Nation*, August 24, 2009.

❖第12章 ▪ 偽情報、醜いエリートの抗争
1 "NACC accuses Patcharawat of malfeasance", *The Nation*, September 8, 2009.

2 Nick Nostitz, *Red vs. Yellow, Volume 1: Thailand's crisis of identity* (Bangkok : White Lotus, 2009), pp.33-8.
3 "Tear-gas grenades in Bangkok on 7 October 2008", Des Ball and Nicholas Farelly, *New Mandala*, October 7, 2009.
4 "NACC's Oct 7 inquiry report rejected", *Bangkok Post*, October 21, 2009.
5 "Government statement on 'bomb detectors' export ban", BBC News, January 22, 2010, and: "UK warns world about useless 'bomb detectors'", BBC News, January 7, 2010.
6 Piyanuch Thamnukasetchai, "No explosive residue: Pornthip", *The Nation*, October 11, 2008.
7 Thitinan Pongsudhirak, "Public played for fools in police power plays", *Bangkok Post*, September 9, 2009.

❖第13章 ▪ プレアビヒアの賭け、黄色動く
1 "Kasit still friend with PAD", *Bangkok Post*, September 13, 2009.
2 International Court of Justice, Reports of Judgments, Advisory Options and Orders, Case concerning the Temple of Preah Vihear, Judgment of June 15, 1962.

❖第14章 ▪ 社会大衆運動
1 Desmond Ball, *The boys in black: the Thahan Phran (Rangers), Thailand's para-military border guards* (Bangkok: White Lotus Press, 2004).
2 Mor Lam is a particular type of Laotian and Isan music, Pleng Luk Thung-Music of the children of the fields-is a style of music that is especially popular with upcountry Thais. The lyrics of both deal mostly with topics affecting their lives.
3 Suporn Athhawong acquired the nickname "Rambo Isan" when in 2002 as a young Member of Parliament he dared vehemently to attack Abhisit Vejjajiva over corruption allegations when Abhisit was the Prime Minister's Office minister in the Chuan Leekpai goverment. True to his nickname, in July 2007, Suporn escaped an assassination attempt by returning his assailants' fire, hiding in a field and making his way to safety, having suffered only relatively minor injuries.
4 Tom Tanhchareun, "Red in the Land-The Politics of Inequality in Thailand", School of Social Sciences and International Studies, Faculty of Arts and Social Sciences, University of New South Wales, October 2009.
5 Based on several conversations with Red Shirt leaders of many levels and areas, corroborated by information from intelligence officers.
6 During the 2010 protests Sae Daeng on several occasions referred to the Red Shirt militants as "Ronin". However, most of these King Taksin Warriors/Ronin were not in fact militants but just ordinary guards.
7 "Back to the future as Thailand gets a socialist party", *The Nation*, April 2, 2009.
8 "EC rejects party with 'socialist label', *Bangkok Post*, May 3, 2009.
9 It was reported by the media that Surachai Sae Dan was also involved in the founding of this party. He denied this when I asked him, and said that he was only approached to take an advisory position, and remained a member of the Phuea Thai Party.

赤と黄から見たタイ政治の動き
2006年──2014年2月　　＊……第1部記載　　＊＊……第2部記載

2006年

1月23日	タックシン首相ファミリーがシンコーポレーション株をシンガポール政府系投資会社テマセックホールディングスに売却。	＊
2月 8日	反政府集会がPADを名乗り、バンコクで首相辞任を求める集会を開催。	＊
2月24日	タックシン首相は、辞任要求に対抗、下院解散、総選挙実施へ。野党は、総選挙を行なう理由がないとして不参加表明。	＊
3月 上旬	PADがバンコク市内でデモを実施。タックシン首相は選挙キャンペーンで対応。	＊
4月 2日	下院総選挙実施。タックシン率いるタイ愛国党が勝利するが、無効投票も多く、一部選挙区で議席を確定できない事態が発生。	＊
4月 4日	タックシン首相が公務休養を公表。	＊
4月25日	国王がテレビ演説の中で司法当局が政治的危機に適切に対応するように要請。	＊
5月 8日	憲法裁判所が総選挙を無効と判断。	
5月22日	タックシン首相が公務復帰。	
7月 6日	最高検察局が下院選挙法違反でタイ愛国党など5党の解党を憲法裁判所に起訴。	
8月19日	バンコクでタックシン派と反政府派が衝突。	
9月19日	陸軍がクーデタを行ない、タックシン首相失脚。 改革評議会が戒厳令を公布。	＊
9月25日	改革評議会がタックシン政権汚職捜査のため資産調査を開始。	
10月 1日	タイ王国憲法（暫定）公布。 元陸軍司令官スラユット枢密院顧問官が首相に指名。	

2007年

3月14日	検察庁は、タックシン前首相夫人ポッチャマーンを脱税容疑で起訴。
5月30日	憲法裁判所はタイ愛国党に解党命令。党執行役員111名の被選挙権を5年間剥奪。
6月〜8月	タイ愛国党の解党処分反対の下、乱立していた反クーデタグループが「UDD」と呼ばれる統括グループを形成、PADの対抗勢力として台頭。 最高検察局はタックシン前首相夫妻を土地取引汚職容疑で起訴。刑事裁判所は株取引の不正疑惑で起訴。最高裁判所は汚職防止法違反で逮捕状発行。
8月24日	憲法改正案について史上初の国民投票を実施。承認56.69％で承認され、タイ国憲法（2007年）施行。
12月23日	下院総選挙実施。タックシン派でタイ愛国党の後継党である国民の力党が233議席を獲得、第1党に就く。

2008年

1月19日	国民の力党による連立政権樹立。サマック党首が首相に就任。
2月28日	タックシン元首相が帰国。
5月25日	PADが打倒サマック、憲法改正反対を目標に反政府集会を再開。
7月7日	ユネスコはカンボジアが申請したプレアビヒア遺跡の世界遺産登録を決定。
7月29日	PADの集会でソンティがプレアビヒア寺院を取り戻すことを宣言。
7月31日	タックシン夫人ポチャーマンの株取引有罪確定。
8月11日	タックシンが最高裁判所の帰国命令を無視し英国に逃亡。
8月26日	PADがデモ活動で首相府、財務省、運輸省、国営放送局NBTなどを占拠。
8月29日	警察が裁判所の指示の下、PADを首相府からの撤退させようとするが、裁判所の命令指示書の取消で中断。
9月2日	PADと政府支持派が衝突、バンコクに非常事態宣言。しかし、非常事態解決本部長アヌポン陸軍司令官は首相が求めるPADの強制排除措置を拒絶。
9月17日	サマック首相がTV出演違憲判決で辞任。タックシンの義弟、ソムチャーイが首相就任。
10月7日	PADが国会を封鎖。ソムチャーイ首相の施政方針演説を阻止。 国会封鎖中のPADに対して警察が強制排除。PAD支持者アンカナーを含め2名死亡。
10月9日	裁判所はPADの指導者に対する反逆罪の告訴を取り下げ。
10月13日	シリキット王妃がアンカナーの葬儀に出席。
10月15日	PADと警察隊が衝突、死傷者500人規模の騒乱に。
10月17日	プレアビヒア遺跡の領有権を巡りタイとカンボジアの軍隊が衝突。
10月21日	タックシンに国有地払い下げに関する職権乱用で禁固2年の判決。
11月14日	タックシン夫妻離婚。
11月25日	PADがドンムアン、スワンナプーム両国際空港を占拠。
12月2日	憲法裁判所が国民の力党連立与党に選挙法違反で解党命令。ソムチャーイ首相辞任。
12月3日	PAD指導者ソンティが空港占拠の停止、デモ集会の散会を発表。
12月6日	民主党ステープ幹事長は、旧タイ国民党、旧中道主義党、団結国家開発党、国家貢献党、旧国民の力党のネーウィン派を伴い記者会見を開き、共同で次期政権奪取を目指す方針を明らかにした。
12月7日	国民の力党解党により受け皿政党となるタイ貢献党に旧国民の力党議員が移動。党首には、タックシン妹、インラック・チンナワットが選出された。
12月9日	ドーン・ムアン空港のカーゴエリアでPADの自警組織に所属していると見られる男性の遺体が発見された。警察はPAD組織内で発生した対立の際に殺害されたと見ている。
12月13日	タックシン派の集会で、タックシンは録画ビデオで民主主義の危機と王室に対する敬意が欠如しているとの批判を否定。
12月15日	旧タックシン派のネーウィン派の民主党入りで民主党党首アピシットが首相に選出される。
12月29日	UDDが国会包囲。首相の所信表明演説延期。

2009年

1月31日	UDDが大規模集会開催。不敬罪関連法廃止を訴え。アピシット首相に空港占拠したPADの処分、1997年憲法の際運用など4つの要求を行なった。	**
2月 2日	タイ貢献党のセミナーで電話参加したタックシンは政界引退宣言を撤回し、国民の支持があれ復帰すると発言。	
2月14日	PADが赤シャツ派の多いウドンターニーで集会を開催。	**
2月24日	赤シャツのデモ隊が首相官邸前で座り込み実施。	
3月 1日	アピシット首相がUDDの要求に対してPADの処分などを着実に行なう旨回答。	
3月 3日	アピシット首相が全大臣に最低2の県を回って、地方が抱える問題を理解し、政権の政策に対する理解を得るよう指示。	
3月10日	タックシンは『ファーイースタンエコミックレビュー』のインタビューで、現在のタイ社会は軍が全面に出ており、自由な報道ができない状況にあると批判。アピシット政権の経済政策も自分の行なった政策の使い回しで、経済環境が悪化している中では機能しないと指摘。	
3月11日	ステープ副首相は、PAD幹部のソンティ・リムトーンクンの、政権樹立支援のためキングパワー社が民主党議員へ資金提供したとの発言を批判。PADは、PADのお陰で民主党が政権奪取できたにもかかわらず、元タックシン派のネーウィン派と組んで、PAD幹部に逮捕状を出したことに不満を持つ。	
3月15日	アピシット首相が、英国オックスフォード大学での講演で、タイの民主主義は後退しない、国民の支持を集めた1人の政治家により憲法が歪められ、軍政がタイに戻り、再度の総選挙で再び旧勢力が政権奪取するようになっているが、自分としては、旧勢力が持っていない透明性とグットガバナンスを基本とした政治改革を進めると語る。	
3月29日	赤シャツがサナーム・ルアンで集会を開催。治安当局は設置した妨害コンテナーを撤去など行ないながら首相府までデモを実施。	**
3月30日	タックシンはビデオ講演で、軍が赤シャツのデモ隊に発砲すれば、タイに凱旋帰国すると発言。タイ社会は今でも絶対王政型官僚主義に支配されているとし、民主主義を取り戻すことを訴えた。	
3月31日	タックシンはビデオ講演で、クーデターを実行した軍により支えられている民主党こそが国内の混乱の元凶であると指摘。	
4月 4日	タックシンがUDDの集会に電話参加し、プレーム枢密院議長など旧主派が民主主義を阻害していると批判。また王室打倒ではなく、専制王制型官僚主義を打倒が目的であると訴えた。	**
4月 5日	アピシット首相は、アセアン会議期間中に会議の進行に影響を与えないため、UDDのデモ隊を受け入れるエリアを設定することを検討しているを明らかにした。	
4月 6日	アピシット首相は8日に計画されているUDDの大規模集会への警戒態勢を説明。基本的に平穏な手段で対応に当たる方針。	
4月 7日	20人税後の赤シャツがアセアン会議に向かうアピシット首相を乗せた自動車を取り囲み投石などを行ないドライバーを負傷させる事件が発生。	
4月 8日	UDDが大規模集会開催。アピシット首相、プレーム枢密院議長らに辞任要求。プレーム議長公邸などを包囲するデモを実施。	**

4月 9日	UDD幹部チャトウポンはプレーム議長の辞任などをアピシット首相に要求。24時間内に受け入れられない場合はアセアン会議阻止のため活動拠点をパタヤに移動させる声明を発表。
4月 9日	アピシット首相はUDDの要求は民主主義的ではないとして拒絶。UDDデモ隊はパタヤに移動開始。
4月10日	UDDデモ隊は警察の警戒線を突破してアセアン会議が行なわれるホテル前に到着。タックシンはビデオリンクで演説を行ない、民主党のPADの法的処分がなされてないことなどを批判。
4月10日	バンコクからパタヤに乗り込んだUDDデモ隊約1万人は、チョンブリーでパタヤ地区で待機していたデモ隊と合流。ホテル前で青服を着た集団と対峙。
4月11日	UDDデモ隊はアセアン会議が開催されるホテルロビー前のガラスを破ってアセアン会議場に乱入。政府は会議中止を決定。** 政府はパタヤ地区などに非常事態宣言を発令。アピシット首相は、今後UDDに対しては、対応を厳格化して法の執行を行なうと発表。
4月12日	UDD幹部に逮捕状。バンコクに非常事態宣言発令。** 陸軍が治安維持活動開始。
4月12日	PADは、政府が国家を守りきれなかったことに遺憾を表明。ステープ副首相などの解任と赤シャツへの厳格な法の執行を要求。
4月13日	タックシンがマスコミインタビューで、タイの政治問題は、司法の法律適用のダブルスタンダードに対する国民の不満にあるとコメント。
4月14日	軍・警察による一斉強制排除行動を受け、UDD幹部のウィーラ・ムシッカポンは集会の解散、投降を決断したことを発表。
4月15日	外務省は、タックシンが保有しているすべてのパスポートを無効にしたと発表。
4月15日	刑事裁判所が、アリスマン、チャカラッポップ、ウィーラなどUDD幹部らの逮捕状発行を許可。
4月17日	PAD指導者のソンティが自動車でバンコク市内を移動中、何者かに銃撃され頭部に重傷を負う。**
4月20日	アピシット首相が政治情勢激化の背景に不公正な法の存在があると指摘、憲法改正を示唆。
4月25日	UDDがサナーム・ルアンで武力衝突後初めての大規模集会を開催。**
5月 5日	国王戴冠記念日のこの日、タイ国民の結束を内外に示す目的で政府がイベントを開催。**
5月14日	PADより結党届を出され現在審議中であることを選挙管理委員会が表明。
5月20日	民事裁判所は、2008年に首相府占拠を行なったPAD指導者に対する訴訟について、既に退去済で周辺道路を清掃したことを事由に棄却。**
5月24日	ソンティがセミナーでPADの結党への支持を訴え。
5月25日	PADは、タムマサート大学スポーツスタジアムで政党立ち上げの決断を祝して式典を開催。**
5月27日	UDD幹部のチャトウポンは、PADの結党を歓迎するコメントを発表。結党によりチャムローンなどは、選挙を通じての国民の支持の実態を知る機会を得ることができること、PADの結党はタイ貢献党よりも民主党と支持基盤が重なっているので民主党を脅かす存在となることを指摘。

6月 2日	PADが政党を結成、新政治党を名のる。	**
6月18日	PAD傘下の救国ネットワークがネーウィン派のアピシット内閣副大臣が国有地を不正に収容したとして解任を求める。	
6月28日	サコーンナコン県補欠選挙、シーサケート県補欠選挙で共にタックシン派が勝利。	
6月30日	タイ貢献党がタックシンの妹インラックに党首就任を要請するが、本人は固辞。	
7月 1日	UDD幹部のウィーラ・ムシッカポンがタックシンの特赦を国王に請願する100万人を目標とする署名運動を開始することを発表。	**
7月23日	UDD幹部がタックシン元首相の恩赦請願署名が500万人に達する見通しであることを明かす。	**
7月26日	タックシン誕生祝賀会開催。	**
8月17日	UDD代表10人がタックシンの恩赦請願書を王室管理事務所内で副秘書官に提出。	**
8月17日	チャワラット内務大臣はUDDのタックシン恩赦請願に反対する署名が1000万人以上となったと発表。	
8月27日	アピシット首相が陸軍部隊に対して行なったとされる偽の録音テープが出現し国会で与野党の攻防が激化。	**
8月28日	刑事裁判所は、演説内容が不敬罪に該当するとして起訴されたUDDのダルニー被告に対して、禁固18年を判決を下した。	**
9月19日	2006年のクーデタから3年目に当たるこの日、UDDは雨の中バンコクのドゥシットプラザで2万人の集会を開催。	
9月19日	PADがプレアビヒア寺院で抗議集会開催。地元民と衝突。	**
10月 1日	アピシット首相は、与野党・上院国会対策委員会との協議で、和解促進のための憲法改正と国民投票実施について合意。	
10月11日	UDDの大規模集会がムアントーンターニーで開催される。この集会でUDDは正式に赤シャツの呼称を受け入れることを表明。	
10月21日	カンボジアのフンセン首相がタックシンのカンボジア滞在を歓迎。タックシンをカンボジアの経済政策最高顧問に据える意向を示した。	
10月26日	アサンプション大学の世論調査では、タックシン支持がアピシット首相支持を上回っていると発表。バンコクでもタックシン支持が高い結果を示す。	
11月 5日	タイ外務省はタックシン氏を顧問に据えたことへの報復措置として駐カンボジア大使の召還を発表。	
11月11日	カンボジア政府は、10日にカンボジアに到着したタックシンの引き渡しを拒否することをタイ外務省に通告。	
11月24日	サマック元首相が肝臓ガンで死去。	
11月26日	アピシット首相は安全面を勘案し、29日に予定していたチェンマイ県訪問を断念すると発表。	

2010年

2月26日	最高裁は、タックシンの凍結資産のうち463億7000万バーツを没収、国庫返還を命じる。

2月27日	タックシンは前日の資産没収判決を不服とする声明を発表。
3月12日	UDDがアピシット政権退陣・総選挙実施を求め大規模反政府集会を開始。
3月15日	アピシット首相は下院解散要求を拒否。
3月20日	UDDが議会解散を求めバンコク市内中心部を大規模行進。
3月28日	アピシット首相はUDD側と初めて直接協議実施。UDD側の解散要求拒否。
3月29日	UDDと第2回協議。年末解散提案。UDDは即時解散求め拒否。
4月 3日	UDDはバンコク中心部ラーチャプラソン交差点で座り込み開始。
4月 3日	平和維持本部はUDDデモ隊に対し、国内治安法に則り即時解散命令をステープ副首相名で発令。
4月 4日	平和維持本部は11ヵ所の商業エリアをUDD集会禁止地区に指定。
4月 5日	UDDは、選挙管理委員会に対し2005年の総選挙での民主党の違法献金疑惑に対する調査が遅いと抗議して建物内に乱入。政府は20日までの結論を出すと約束。
4月 6日	UDD幹部は政府の強制排除の動きに対抗、活動レベルの引き上げを明言。
4月 7日	UDDの一部デモ隊が国会に乱入。政府は非常事態宣言を発令。UDDは全面抗争を宣言。
4月 8日	アピシット首相はASEAN首脳会議への出席を取り止める。
4月10日	治安維持部隊が強制排除を開始しUDDと衝突。死者25人、負傷者800人超。
4月10日	医療当局は、UDDと軍の衝突時に日本人カメラマン村本博之氏が胸を銃弾で撃たれて死亡したことを発表。
4月10日	アピシット首相は、強制排除はUDDの活動過激化への対応措置であることを深夜の緊急特別放送で説明。
4月12日	タイ選挙管理委員会は、2005年の総選挙に際し、民主党が企業から受けたとされる2億5800万バーツの違法献金疑惑、政治開発委員会からの交付金2900万バーツの不適切使用で「解党が相当」との結論。最高検察庁が憲法裁に提訴するか否かを30日以内に判断する。最高検察庁が不同意の場合、選管と最高裁との合同委員会で再検討。
4月13日	カッティヤ少将は、死亡したUDDデモ隊15名はいずれも頭部、胸部を狙撃されていることから、強制排除の軍の中に狙撃手がいた可能性を指摘。
4月14日	UDDは集会場をラーチャプラソン1ヵ所に集中することを表明。
4月14日	シリキット王妃が10日の衝突で負傷した兵士を慰問。
4月16日	政府は治安責任者(テロ担当)をステープ副首相からアヌポーン陸軍司令官に変更。
4月18日	PADは政府に7日以内のUDDデモへの対処を要求。対処できない場合、PADは活動を再開すると警告。
4月27日	平和維持本部報道官は強制排除の準備が完了したことを発表。基本的に放水、催涙弾によりデモ隊に40m以内に接近しないで排除する方針。但し、護身用に実弾の入った拳銃を携行することも明らかにした。
5月 3日	デモ隊が占拠しているラーチャダムリ通り沿いのチュラーロンコーン大学病院は入院患者を他の病院に移す方針を明らかにした。UDD側は大学病院に軍関係者が潜んでいると指摘。UDD幹部がマスコミを連れて病院内の捜索を実施した。シリントーン王女が同病院を訪問、スタッフを激励。

5月3日	アピシット首相は、テレビ演説で和解推進を前提に11月14日に総選挙を実施する事を明らかにした。また和解推進のロードマップとして①王制の政治利用中止、②社会正義確立のため双方による協議、③報道メディアの中立性、④4月10日衝突事件の中立委員会による調査、⑤憲法改正を提案した。
5月5日	UDD幹部ウィーラ・ムシッカポンは、アピシット首相が総選挙の実施日を発表したことで抗議デモは間もなく終了するとの見通しを述べた。
5月6日	アピシット首相は、9月15日～30日までの間に下院議会の解散を表明。
5月6日	PADは、アピシット首相の11月14日総選挙と和解推進ロードマップに反対を表明。一方UDDは、このアピシット首相の提案を内部協議する旨表明。
5月7日	UDDは、アピシット首相の提案を受け入れ和解推進ロードマップに参加する事を表明。
5月8日	サーラーデーン、ルンピニーで銃撃、爆発で警官が2名死亡。
5月9日	アピシット首相、カッティヤ少将を和解推進プロセスを阻止するテロリストであると非難。
5月10日	UDD幹部は、UDDのデモ隊に対する武力行使を指示し一般人、当局者に死亡者を出した責任者としてステープ副首相が警察に出頭した日に集会を解散することを宣言。下院議員でないステープ副首相は、不逮捕特権が適用されない。
5月10日	ステープ副首相は、4月10日のUDDデモ隊への武力行使に関する罪状開示を受ける為、法務省特別捜査局に出頭することを明らかにした。UDDは、法務局特別捜査局への出頭は、正当な法手続きを経た容疑者としての出頭ではないため受け入れられないとの見解を表明。
5月12日	カッティヤ少将は、集会解散後もラーチャプラソーン交差点占拠を継続すると公言。
5月13日	カッティヤ少将がサーラーデーン交差点付近で狙撃され17日死亡。
5月13日	アピシット首相は即時集会を解散しなければ11月総選挙は撤回すると発言。
5月13日	タイ政府は非常事態宣言の対象地域を1都16県に拡大すると発表。
5月14日	タックシンがノッパドン元外相を通じて、アピシット首相に対して強制排除の中止を要請するように求めた。
5月18日	13日夕方から治安部隊とUDDとの戦闘が激化、バンコク救急センターによると18日までに死亡者38人、負傷者約290人。一部地域では、UDDデモ参加者、地元住民が暴徒化し、放火、店舗略奪が起こった。
5月19日	治安部隊による強制排除開始。UDD幹部は集会解散を宣言したが、デモ参加者が暴徒化、セントラルワールドなどの商業施設に放火。政府は夜間外出禁止令を発令。3月からのデモによ死亡者91名。
5月19日	UDD、ラーチャプラソーン交差点のステージで、多数の死傷者が出ていることを踏まえ、バンコク中心部での集会解散を宣言。
5月19日	強制排除に伴い夜間外出禁止令が出されたが、バンコク中心に放火、略奪が発生。バンコク最大級のSCであるセントラルワールドが炎上、サイアムスクエア映画館なども被害を受けた。
5月21日	アピシット首相は、強制排除後の混乱は概ね収束した、国民和解に向けロードマップの実現を目指すと発表。
5月24日	タックシン元首相は、ネット上で、「投票用紙を要求し、銃弾を受け取ったが、世界は、民主主義を求める人々に同情的であり、意気消沈することはない」と述べた。

5月24日	タイ貢献党が、アピシット首相などの解任動議を上下院に提出(6月2日、下院で否決)。
5月25日	タイ刑事裁判所は、国外逃亡中のタックシン元首相に対して、3月～5月の多数の死傷者を出したタックシン派のデモに資金提供しテロ行為を支援したテロ容疑で逮捕状を出した。
5月25日	タックシン元首相は、元外相のノッパドン法律顧問を通じて、テロ容疑は政治的な思惑によるもので、自らテロリストではないことを証明するために徹底的に闘う考えであるとの声明を出した。
5月26日	タイ政府は、各国に逮捕状が出されたタックシン元首相の滞在場所情報の提供を要請。
5月29日	バンコク救急センターは、3月～5月の反政府デモによる死傷者数は、死者86名、負傷者1407人に上ったと発表。
6月 2日	平和維持本部はUDDデモ隊に奪われた軍の銃器返還を要請。現在68挺の銃器がUDDデモ隊に奪われたと見られており、所定の期限内に返還すれば法的責任は問わないとしている。
6月10日	アピシット首相は、タックシン政権時に結果として2500人の死亡者が出たと言われる麻薬撲滅戦争政策に関わる独立調査委員会の再設置を行ない真相を究明するよう指示を出した
6月21日	法務省特別捜査局はUDDへ資金援助した疑いのある83人に対して出頭礼状を発行。タックシン元首相の親族、UDD幹部、政治家、官僚・軍・警察関係者、ビジネス関係者の5グループ。
7月23日	PADは政府に対して、カンボジアとの国境問題でタイの主権を死守せよとの要求を発表。プレアビヒア寺院付近の国境の無効化、タイ湾の海底資源の確保が狙い。
8月 3日	PADがプレアビヒア遺跡に関する政府対応を批判する集会を開催。
8月15日	タイ貢献党がプレアビヒア遺跡の政府対応を批判。
8月23日	タックシンが職務が十分果たせないことを事由にカンボジア政府の経済顧問を辞任。
11月28日	アピシット首相は、議会の解散は、国内情勢の正常化が条件となることを強調。
12月19日	UDDが5月の騒乱で死亡した91人の捜査情報の公開と拘留されているタックシン派幹部の釈放を要求する集会をラーチャプラソーン交差点で開催。

2011年

1月 4日	アピシット首相がプレーム枢密院議長宅で会談。
1月 9日	アピシット首相が、自由業者の社会保険制度の創設など、今後の国民生活支援・福祉政策の主要9項目を発表。
1月 9日	タイ貢献党が、アピシット首相の国民生活支援・福祉政策は次期選挙用に低所得者階層を意識したもので、タックシン時代に取り組んだ政策であり、新鮮味がないと批判。
1月 9日	タックシン支持派がラーチャプラソーン交差点で約2万人の集会を開催。タックシンも国際電話で「民主主義を取り戻し、タックシン派を差別するダブルスタンダードを止めさせるため可能な限りのことをする」と発言。
1月20日	PAD傘下の団体が、アピシット首相がカンボジアとの国境問題に対して弱腰であるとして、首相府で座り込みを開始。

1月31日	プレアビヒア寺院に自国国旗を掲揚したカンボジアがタイ国境付近の兵力を増強。
2月 4日	プレアビヒア寺院付近でタイ・カンボジア両軍が交戦、タイ軍に数名の負傷者が出る。
2月19日	UDDが5月の騒乱で逮捕されたUDD幹部の釈放を要求する1万人集会をバンコクで開催。
3月12日	アピシット首相は5月に国会を解散する方針を表明。世論調査では、民主党はタイ貢献党と互角の形勢と言われており、連立パートナーを含めると優勢と見られている。
3月19日	UDDがバンコクで2万人規模の反政府集会開催。次期総選挙を見据え、警察との抗争なし。
3月25日	刑事裁判所は、2008年11月のPADによる空港占拠事件について、PAD幹部のチャムローンらに対して約14億円の損害賠償判決。
5月 9日	下院は、10日に解散し総選挙は7月3日に実施されると発表。
5月16日	タイ貢献党はタックシンの妹インラックを首相候補に据えると発表。
6月10日	世論調査ではタイ貢献党優勢の中、PADはバンコクで棄権票を呼びかけるチラシを配布。
6月25日	プレアビヒア寺院の周辺地域の領有問題でカンボジアと対立しているタイ政府は、世界遺産条約からの脱退を決定。
7月 3日	下院総選挙が実施され、タイ貢献党が過半数を獲得、インラックがタイで初の女性首相となる。
7月 8日	民主党は、タイ貢献党に選挙違反があったとして解党を求める法的手続きに入ったことを表明。
7月 8日	インラック次期首相はマニフェストで公約した最低賃金の引き上げを実施することを表明。
8月 5日	タイ下院はインラックを首相に選出。
8月10日	タイ憲法裁判所チャット長官が辞任。辞任理由は明らかになっていないが、タックシン派新政権の発足との関連が指摘されている。
8月22日	タックシン来日、東北の被災地を訪問。
9月17日	タックシンがカンボジアを訪問、フン・セン首相と会談。
9月23日	タイとカンボジアはプレアビヒア寺院から兵力を撤収することで合意。タイとカンボジアがタイ湾のガス田協同開発の交渉を再開。
10月	政権公約の1つ、コメ担保融資制度が正式に復活スタート。コメの事実上の買い取り制度で、政府がコメを担保に融資を行なう制度。2009年に運用停止となったが、農家の家計を支援制度の一環として再度導入された。
10月 9日	タイ東北部でタックシンの支持を掲げる「赤シャツの村」が増加。これまで4000以上の村が赤シャツの村を宣言。
11月20日	タックシンは滞在先のドバイで恩赦を求めないことを声明。政府はこれまでと同様に麻薬犯と汚職犯を恩赦の対象外とすることを改めて確認。
12月 7日	昨年バンコク都心部を占拠したUDD幹部の1人アリスマン容疑者が当局に出頭し逮捕されたが、12月26日に保釈金600万バーツで保釈。
12月 9日	国連難民高等弁務官事務所のシャムダサニ報道官代行は、タイで多く見られる不敬罪に厳しい刑罰は不要であり、国際的な人権保護義務に違反していると述べて、タイ政府に対して法改正を求めた。

12月15日	プミポン国王を批判したとして不敬罪に問われた元新聞記者のタイ人女性の裁判で、懲役15年の実刑判決が下された。
12月16日	不敬罪で有罪の判決を受けたタイ生まれの米国籍男性を駐タイ米国大使が擁護したことでタイ国内で反発が起き、タイの王党派市民約100名が米大使館に対して抗議デモを行なった。 タイ外務省は、国外逃亡中のタックシンに対して、アブダビでタイ国のパスポートを再発行したことを明らかにした

2012年

2月25日	UDDがタイ東北部で憲法改正を求める集会を開催。タックシン元首相もビデオ電話で登場。
3月10日	PADは、インラック政権が進める憲法改正と王室関連法令見直しの反対を求める集会をバンコクで開催。
4月21日	反タックシン元首相派の市民100人がバンコク市内の軍施設前で集会を開き、軍事クーデタによるインラック政権転覆の呼びかけを実施。
5月19日	UDDが2010年の多数の死者が出たデモ排除から2周年を記念し、バンコクのラーチャプラソーン交差点で数万人規模の集会を開いた。タックシンはテレビ電話で反タックシン派との和解を訴えた。
5月30日	タイ国会は、タックシンに対する実刑判決の無効化を含む和解法案の審議入りを巡って国会内外で紛糾する事態となった。与党タイ貢献党は審議入りを強行したが、野党が反発、国会は休会となった。国会周辺では反タックシン派のPADが和解法反対のデモを実施。和解法が成立するとタックシン元首相は無罪放免となり没収された資産が返還される。
6月 1日	2007年に解党処分となったタイ愛国党の元役員111名の参政権停止処分が5月31日に解除されることを祝い、元役員と支持者がホテルで式典を開いた。元役員数名は与党タイ貢献党の幹部として入党。
7月13日	タイ憲法裁判所は、タイ貢献党が主導する憲法改正の動きに違憲性はないとの判断を下した。
10月29日	反タックシン派がバンコクで数千人規模の反政府集会を開催した。集会を主導したブンルート退役陸軍大将は、インラック政権は王室批判を野放しにしており、またタックシンの操り人形であると非難。クーデタによる政権転覆を訴えた。
11月21日	タイ政府は、タイ全国の法定最低賃金を来年1月から一律300バーツに引き上げることを承認した。インラック首相の選挙公約の実施。
11月24日	反政府デモ隊と警官隊が国連バンコク事務所前で衝突。双方に数十名の怪我人が出た。またデモ参加者130名以上が拘束された。この集会を指揮したのは、元首相のスラユット枢密院顧問の同級生であるブンルート退役陸軍大将。

2013年

3月14日	タイ検察は、2008年のバンコクの空港占拠を指導したソンティ、チャムローンらPADの幹部ら31名を起訴した。
6月10日	タイ政府は、コメ担保融資制度の買い取り価格の上限を6月30日より1万5000バーツから1万2000バーツに引き下げることを決めた。これは、市場格より買い取り価格が高く、政府が巨額の損失を受けることが懸念されたための措置。コメ生産者はこの決定に反発。一方コメ輸出業者は競争力が回復することを期待。

7月 2日	タイ政府は、先月決めたコメ担保融資制度の買取価格引き下げを撤回。南部は9月15日、その他の地域は11月30日まで据え置くこととした。
7月21日	8週間連続となる反政府デモがバンコクで行なわれ警察と小競り合いが起きた。
7月31日	タイ政府は、国会でタックシンの恩赦法案が審議される見通しとなったことで、反政府デモの活発化を懸念。そのため、治安当局の権限を強化する国内安全保障法を国会が開催される期間、国会周辺地区に発令した。
8月 4日	ルンピニー公園で反タックシン派約1000人が恩赦法への反対集会を開催。バンコクでは6月よりほぼ毎週日曜日に反政府デモが行なわれている。
8月 7日	民主党指導の反タックシン派のデモ行進が国会に向けて行なわれたが、治安当局による道路封鎖により阻止されデモは不発に終わる。
8月 8日	恩赦法案が下院で承認され、委員会で内容審議が行なわれることとなった。タックシンが恩赦の対象となるのか否かが焦点。
8月20日	PADの幹部、ソンティ、チャムローンら8名が幹部辞任することを表明。テロ容疑で訴追され自由な活動ができないと説明。更にデモの動員低下など反タックシン派として民主党が機能していないことを強く批判した。
9月10日	タイ政府は天然ゴム農家に対して補助金を支給する政策を発表。
9月16日	8月下旬より南部の天然ゴム農家が価格の値下がりに不満を強め、天然ゴムシート価格を市場価格を上回る価格で政府が買い取るよう政府に要求して、道路、線路を封鎖。強制排除を図った警察と衝突した。
10月 1日	政府はトウモロコシの一定価格での買取を行なう政策を発表。トウモロコシ農家は価格低下に不満を強め、9月中旬から政府に買い取りを要求、北部で道路閉鎖などを行なっていた。コメ担保融資制度の導入で不満を強めたコメ以外の天然ゴム、トウモロコシ農家などの不満が高まったことが指摘されている。
10月26日	タックシンが東京で安倍首相と会食。
11月 1日	恩赦法が下院で強行採決により通過し上院に送られた。恩赦法はタックシンを含む包括的な内容となっている。
11月 4日	タックシン元首相の恩赦反対のデモ行進がバンコクで行なわれた。デモにはアピシット前首相なども参加。
11月 5日	民主党は、4日と5日に民主記念塔で恩赦法反対の座り込みを実施。アピシット前首相、ステープ前副首相が参加。
11月11日	国際司法裁判所はプレアビヒア寺院がある高台の一帯をカンボジア領とする判決を下した。スラポン副首相兼外相はカンボジア領とされた場所はごく一部であるとして、タイ、カンボジア共に判決に満足しているとコメント。
11月11日	恩赦法が上院で否決。インラック首相はこの否決を受け入れ、下院での再可決を求めないことを表明。反政府デモは、この政府対応を受けて、目的を恩赦法反対からインラック政権打倒に切り替えてデモを続行。
11月20日	タイ憲法裁判所は全議席を公選制とする憲法改正案を違憲であるとの判断を下した。
11月25日	民主党の前副首相ステープ率いる民主党議員が議員辞職し民主党人民民主改革委員会（略称PDRC）を結成、インラック首相の退陣、選挙を行なわずに政権移譲を訴える大規模な街頭デモを開始、財務省などを占拠した。インラック首相は、デモの強制排除を否定、国内安全保障法をバンコク都全域と近隣県に発令した。

11月26日	反政府デモは、観光省、運輸省にも侵入。
11月27日	タイ南部3県でも反政府デモが開始された。
11月29日	反政府デモ数百名がタイ陸軍司令部に侵入。プラユット陸軍司令官は、デモ隊から陳情書を受け取った。
12月 3日	反政府デモ隊は首相府を占拠し、勝利宣言を行なった後、退去した。5日の国王誕生日を控えいったん停戦した模様。
12月 9日	インラック首相は、下院の早期解散と総選挙の実施を発表。デモを率いるステープ前副首相は、総選挙の受け入れを拒絶。「人民会議」の創設を主張し、デモ活動の継続を訴えた。
12月26日	反政府デモと治安部隊の衝突でデモ隊の2名が死亡。日本人カメラマンを含め負傷者は、150人に達した。
12月28日	来年2月2日の総選挙の候補者受付が開始されたが、南部8県では反政府デモ隊が立候補者の受け付け会場を占拠、登録ができない事態となった。

2014年

1月 3日	反政府デモ隊による選挙準備阻止行為により28選挙区で立候補の登録ができない事態が継続。
1月13日	ステープ率いる反政府デモ隊のバンコク封鎖デモが開始され、バンコクの主要交差点が占拠される。更に電気などのインフラを止めることも実施すると宣言。
1月13日	インラック首相は総選挙の延期を協議を提案したが、ステープは拒絶。首相は軍の介入を誘発する武力排除は控える方針を堅持。
1月14日	アピシット前首相宅に爆発物が投げ込まれる。
1月15日	下院は、総選挙は延期せず2月2日に実施することを協議して確認。
1月17日	インラック首相は、海外メディアと会見、「選挙が民主主義を守る道」であることを強調、辞任も否定した。
1月17日	反政府デモ隊に爆発物が投げ込まれ38人が負傷。一方で総選挙を支持する人々の集会も各地で開催されている。
1月20日	バンコク閉鎖デモ開始から1週間が経過、参加者は減少する一方で爆発事件が続き、暴力が激化している。
1月21日	タイ政府は、バンコクに60日間の非常事態を宣言すると発表。これ以上の治安悪化を防ぐことを目指した措置。反政府派は、占拠を継続するが大きな混乱はない。
1月21日	米国国務省ハーフ副報道官は、バンコクの治安悪化について「深刻化する暴力を強く非難する、すべての当事者に対話を受け入れることを求める。すべての当事者に暴力の自制と法の支配を尊重するよう求める」声明を発表。
2月 1日	反省デモ隊による投票所を占拠、一方、政府支持者も投票所を死守するために投票所の占拠する事態が続発。
2月 2日	下院の総選挙実施。大きな混乱はなかったが反政府デモ隊の妨害によりバンコク、南部地方で投票の中止が相次いだ。
2月18日	国家汚職防止委員会がコメ担保融資制度に関しインラック首相を職務怠慢の容疑で告発すると発表。
3月21日	憲法裁判所は、2月に実施された下院総選挙を違憲とする判決を下した。

4月 3日	憲法裁判所が、2011年の政府高官人事が違憲であるか審議を開始。
5月 7日	憲法裁判所は、2011年の政府高官人事は違憲として人事を発令したインラック首相を失職すると判決を下した。
5月 9日	反政府派がタイ首相府を包囲。
5月10日	赤シャツ、バンコクで政府を支持するデモを開始。
5月17日	スラチャイ上院議長代行が、上院主導で選挙を経ない暫定首相を選任する用意があると発表。
5月20日	タイ軍が全土に戒厳令を発令、治安維持などの権限を握った。
5月22日	タイ軍がタックシン派と反政府派の対話主導による仲介を本格化させる。
5月22日	タイ陸軍プラユット司令官は、クーデタを決行し、憲法を停止させて、軍が全権を掌握したと発表。プラユット司令官が暫定首相を兼務。
5月23日	米国ケリー国務長官は、タイのクーデタについて正当性はないとの声明を発表、軍事支援見直しを示唆した。
5月25日	タイ国軍は上院廃止、新憲法制定へ「国民会議」設立。
5月29日	タイ軍、情報統制を強化、200を超えるサイトを遮断。

作成：大野 浩

訳者あとがき

❖ クーデタ依存症再発——変われないタイ、変わりたくないタイ

　5月23日、タイ国軍は軍事クーデタを決行し、憲法を停止して全権を掌握したと発表したが、おそらく今回のクーデタに驚いた人は少ないのではないか。クーデタへの道筋は既に司法当局の政府への対応に表れていた。本年3月、タイの憲法裁判所はタイ高速鉄道事業の資金調達法案が違憲であるとする判決を下し、インラック首相が進めるインフラ整備事業を頓挫させた。さらに5月、憲法裁判所は、3年前の2011年にインラック首相が指示した政府高官の人事異動が違憲であるとの判決を下し、インラック首相を失職させた。そしてニワットタムロン副首相が首相代行に就任し、7月に下院選挙を実施して政治を早急に軌道に戻すと記者会見で発言すると、上院は政情混乱を収束させるため上院主導で暫定首相を選任すると表明し、選挙を経ずに次期政権を樹立することを明らかにした。

　そして5月21日、タイ軍が全土に戒厳令を発令した。この時点では、タイ軍は仲裁の役割を果たすと公言していたが、政府側と反政府側の2回目の話し合いが決裂した5月23日、戒厳令をクーデタ宣言に切り替え、国の全権を掌握する「国家平和秩序維持評議会」の設立を発表した。前回の2006年のクーデタ以降、国民が黄色と赤色に分裂して政治の主導権争いを演じてきた経緯を考えれば、数日程度で合意案が締結されるはずがない。今回のクーデタは、路上政治の阻止、特に赤シャツ派をターゲットにした「予定された行動」であった。そもそも政治プロセスの透明化を訴えていた赤色サイドが密室的なところで妥協点を探る従来の保守的な政治手法を受け入れることはありえなかったのである。

　日本の報道機関は、王室がクーデタを承認した後も、おおむねタイ国軍に距離を置いた論調となっている。タイが直面している問題はもはやクーデタで解決される次元を超えた社会問題となっていると認識し、タイ軍と司法が共闘して、タックシン派——主に地方の農村の支持を集める赤シャツ派——への弾圧を強めることを予想しているためであろう。

　隣国ミャンマーや中国の強権政治下での国民管理を手本にしたのか、今回の路上政治への監視強化は着実に行なわれている模様だ。メディアの規制、知識人の監視強化などの言論統制は、かつてのタイ式クーデタとは明らかにレベル

が異なる。しかも王室は、軍政の下に置かれたタイ社会について沈黙したままである。

　今回のクーデタは、過去のクーデタとやや様相が異なる。従来のクーデタは、政治の腐敗など大多数の国民が感じている不満をタイの軍隊がすくいあげ、政治をとりあえずリセットさせることで、国民は溜飲を下げることができた。そして、国王が承認することで軍はクーデタ正当化のお墨付きをもらってきた。しかし今回のクーデタは、この構図があてはまらない。政府支持と政府不支持に分裂している国民すべての不満をすくいあげることなく、政治だけをリセットさせたからである。少なくとも与党・赤シャツ支持の国民にとっては、今回のクーデタはあってはならないことであった。

　では、タイの国民が2つに分裂した背景には何があったのか。経済、社会、政治の各分野において、タイ国民の間に亀裂が生じたいきさつを考えたい。

❖経済構造の変化——タイ経済を支えるインフォーマルセクターに流れ込む人々

　1980年以降のタイ経済の発展は、政府の政策によって支えられてきた。特にタイの製造業は、政府の外資導入政策で大きく進展した。それとともに、政府の経済政策の対象外の経済分野——バイクタクシー、露天商、修理工などのいわゆるインフォーマルな経済セクター——が製造業の後を追う形で急激に発展した。現在、このインフォーマルセクターは、外資企業を支える分野にまで拡大し、タイの全労働人口の半分以上を占めるまでになっている。

　1994年、タイの国家統計局は、初めてインフォーマル経済の公式統計を発表した。インフォーマルのカテゴリーとは、小規模かつ組織化のレベルが低い経営形態や、低賃金もしくは不確実な賃金、社会厚生や保障の不適用などに規定される企業体と定義されている。1994年8月の調査では、タイの総労働人口の76.8％、都市労働人口の47.6％、バンコクの労働人口の41.1％がインフォーマルセクターに従事している。2012年の調査でも、タイの総労働人口の62.6％の2480万人がインフォーマルセクターに従事している。これを地域別に見ると、東北部41.5％、北部21.7％と、赤シャツの地盤が6割以上を占め、バンコクは、5.1％（約130万人）となっている。

　インフォーマルセクターに働く人々の教育水準は、小学校未満38％、小学校レベル26％と、中卒以下が全体の過半数を占めており、中卒以上が67.9％（うち大卒32.5％）を占めているフォーマルセクターと大きな相違を見せている。

2012年の調査報告では、インフォーマルセクターが直面する課題として、①賃金水準、処遇（低賃金　ハードワーク、解雇リスク）、②労働環境（長時間労働・肉体酷使による健康問題）、③安全確保（2012年、インフォーマルセクターに従事する約400万人が業務に起因する怪我、交通事故などにあっている。）の3つが挙げられている。

　この数字からも明らかなように、農業だけでは生活が苦しい地方の農民が、生活のためにバンコクなどの都市部に流入・移住して、発展著しいタイの経済を底支えするインフォーマルセクターの労働力となったのである。彼らは、都市部では低所得であるが、いわゆる「貧困層」よりも多くの所得を手にすることができた。そして、外資導入による製造分野の発展が消費社会を拡大させ、この経済の流れを後追いする形で農村から都市部への人の流入が加速し、また農村に都市部の情報が大量に流入することになった。

　しかし、正しく納税していないインフォーマルセクターであるがゆえに、この膨大な数の人々は政府の社会保障、公的支援の適用から除外され、収入、生活の安定を確保することができなかった。そして、歴代のタイ政府はこの人たちの声をまったく聞こうとはしなかった。したがって、2001年、タックシン率いる「タイ愛国党」がこの新しい階層を支援する施策を掲げて選挙に圧勝したのは当然だったと言えよう。タックシンが首相に就任した時、この新しい階層は、タックシンの熱烈な支持者となった。それが「赤シャツ」の原点である。

　タックシンがインフォーマルセクターを政府が支援する対象にした理由は、選挙で支持を得ることとは別に、彼らを管理することで、課税対象の経済分野に組み込むことだったと言われている。熱烈なタックシン支持者として本書に何度も登場するバイクタクシーに登録制度を導入して、登録番号を付けたオレンジ色の制服を着用させたのも、その施策の1つとして挙げられる。

❖社会構造の変化──垂直型の依存関係社会から職業スキルをベースにした水平的な社会へ

　この新しい階層グループは、タイ人社会のネットワークにも変化を及ぼすことになった。従来のタイ人社会はパトロン‐クライアント関係（親分・子分の関係）で成立していると著者のニックが指摘しているが、このネットワークにほころびができてきているのである。

　タイの親分・子分関係を具体的に示すと、たとえば地方の農村では、農作物

の買い上げ、トラクターなど農業機器の購入などを都市（中央）と結びつきの強い有力者がとりまとめる仕組みができあがっており、農民（子分）は、都市にコネのある地方の有力者（親分）に依存しないとやっていけない。親分は子分に便宜を図り、子分は親分にそのお返しをする（政治の世界では「票」となる）という垂直的な仕組みがきわめて強固に構築されていたのである。

　しかし、都市部に出てきた新しい階層の人々は否応なしにこの従来の垂直型ネットワークから離脱することになる。彼らは職業を得るために職業上のスキルを磨くことが求められ、ビジネス上の契約を重視しなければならなくなった。その結果、従来の垂直的な親分・子分関係の代わりに、ビジネス上の契約を軸とした水平的な人的ネットワークが広がっていくことになる。彼らは、親分への依存から脱却して、自分で獲得した職業上のスキルにより収入を増やすことができることを自覚したのである。必然的に、かつては生きていくために絶対に必要だった親分への従属・特別視は、もはや不要となった。

　しかし、タイ社会には、従来の垂直型の親分・子分型の人的ネットワークは依然として存在している。それは農村だけではなく、バンコクにおいても、確固として存在している。この新しい階層グループの水平的人的ネットワークはそこへ楔のように割って入ることになった。

❖政治の変化――王室の役割

　2006年、政権を奪ったタックシンは、この新しい階層グループの支持を得るため、地方の農村部や都市の下層社会の生活改善に国家予算を多く割り当て、政府のサービスの拡大を図った。よく知られている施策としては、「30バーツ医療制度」で知られている公共医療制度への政府支援、日本の1村1品運動をタイに取り入れた「OTOP（オートップ）」などがある。いずれも地方の農村や都市のインフォーマルセクターで働く低所得層を支援するもので、都市部に住む比較的裕福な人々にはメリットの少ない施策であった。

　こうした政策は要するに国家予算の割り当て配分の問題であり、それだけならば、国会討議で妥協点が探れる可能性もあっただろう。しかし、この地方支援の施策は、別の問題を惹起した。それは、これまでどの政治家も触れたことのない王室の役割に踏み込んでしまったのである。

　現国王ラーマ9世は、地図とカメラを持って、自ら運転する自動車でタイ各地の農村を巡り、治水など土木工事を王室の事業として実行してきた「国民思

いの国王」として人々の間に絶大な人気を誇ってきた。これらの「王室プロジェクト」はタイ王室の伝統に則ったものではなく、立憲君主制の下で王室の権威を回復させるためにラーマ9世が独自に進めた事業である。ラーマ9世は、政治・経済面の実権は持っていないが、一般庶民の暮らしに役立つ事業を王室プロジェクトとして実施することで、王室がタイの社会・文化面での支柱となることを目指したのである。その結果、タイ国民は国王を頂点とする王室に絶大な信頼を寄せるようになり、そのことがまた王室の権威を絶対的と言っていいほどに高めることになった。ニックが再三言及している「不敬罪」に関する出来事に明らかなように、王室は触れることもできない雲の上の存在となってしまったのである。

　タックシンは、ラーマ9世が築いてきたこのフィールドに政治を持ち込んだのである。王室プロジェクトは単独の事業がベースになっているのに対して、タックシンが実施するのは政府の経済政策であり、こちらの方が国民全体に対する影響力・経済効果が大きいのは当然であった。タックシンが農民の支持を王室から奪い取ることを本気で考えていたのかは不明であるが、結果的に王室の文化的役割に足を踏み込んでしまった。王室は建前では政治・経済上の実質的な権力は持たないことになっているが、軍を中心とする保守エリート集団に絶大な影響力を持ち、この集団が王室の絶対的権威を錦の御旗としていることは周知の事実だ。そして、この保守エリート集団こそが、タイ社会の最大の「親分」なのである。タックシン自身、どこまで本気に農民の生活のことを考えていたのかはわからない。権力を得るための手段だったという指摘もある。はっきりしているのは、彼はこの強固な親分・子分集団に手を突っ込んでかきまわしたということである。既存のタイ人社会の「親分」の役割を担っていた人々はこれまでにない危機感を抱き、王室を守ることをスローガンとして、「反タックシン」集団と化した。それは今回のクーデタを見ても明らかである。

　しかし、今回のクーデタでは、肝心の王室の姿が見られない。かつてはクーデタを実行した軍の後ろ盾となり、王室の権威をテレビなどのマスコミを通じて国民に示してきたが、今回は、タイの軍事政権を支えるシーンがまだ見られない。国軍は、国民が2つに割れている現状では、王室の権威が軍事政権維持の絶対的支柱となることは難しいと判断したのか、あるいは王室が今回のクーデタの後ろ盾となることを拒んでいるのか。はっきりしているのは、ラーマ9世、シリキット王妃がそれぞれ健康に不安を抱えている中、王室が絶対的権威

であるという文化的枠組みを維持することが難しいと誰もが考えていることである。王位継承の筆頭と目されているワチラロンコン皇太子は、その生活振りなどから王室の権威を維持する力に疑問符が付くことは、タイ社会の公然の秘密である。プラユット陸軍司令官は、王位継承問題で不測の事態が起こった場合を考えて、王室と距離を置いているのかもしれない。しかし、王室の後ろ盾なしで軍政を行なうことは、タイの社会そして国際社会に対しても不安と不満を募らせることになる。

❖経済・社会・政治構造の変化に対する抵抗勢力——黄シャツの源流

　新しい階層グループの出現は都市生活者との間に軋轢を生むことになった。王室の文化的権威の下、安定した政治体制から政治・経済的な利益を享受してきたバンコク銀行のソーポンパニット一族などの都市の富裕層グループ、親分・子分関係で利益を上げていた地方の有力者（親分）たち、そして地方出身者の都市部への流入による既得権の侵食を恐れる都市部の中間層と言われる人々が、抵抗勢力側となった。

　地方の親分にとってタックシンの選挙戦は脅威であった。もともと選挙の投票の取りまとめ役である集票屋は親分が担っており、政治家はその集票屋（親分）にカネを渡して農民（子分）の投票の取りまとめを依頼していた。集票屋にとって親分・子分関係は、重要な手段・インフラであったのである。この集票構造に対してタックシンは、貧困層を支援する政策を掲げ、親分を飛び越して直接農民に訴える選挙戦を行なった。農民に新しい投票の選択肢を与えたのである。従来の集票構造は機能不全に陥り、2001年総選挙でタックシンの率いる「タイ愛国党」が圧勝することとなった。アマゾンなどネット販売の新興勢力が地方の老舗デパートに圧勝するようなもので、従来の選挙の集票の仕組みを変えてしまったのである。

　バンコクの中間層の定義は難しいが、彼らは、もともと地方の農村から流入した人々で構成された階層ではない。19世紀末から1940年頃までに中国からの移民が当初はバンコクの下層社会に入り込み、やがて経済的影響力を持って社会的に上昇した階層だと言われている。したがってバンコクの中間層にとっては、タイの地方から都会に来たタイ人とは、人種的な絆、血縁関係の乏しく、生活習慣も大きく異なることから、相互に理解し共生する土壌が育ってこなかった。

そして、これらの人々を、王室を補佐してきた老政治家プレーム枢密院議長が黄シャツ派を纏める求心力となった。
　もともと軍人であったプレーム枢密院議長の政治家への転身は、対共産ゲリラ鎮圧に成功したことが評価され1978年に陸軍司令官に昇進、1980年に当時のクリエンサック政権が総辞職した時、首相に招聘されたことに始まる。その後1988年まで首相を務めた。首相在任時は、政治の安定と軍部の政治介入を回避し清廉なイメージを国民に与え国王からも高く評価され1998年枢密院顧問官から枢密院議長に就任した。しかし、プレームが政治の世界で再び脚光を浴びたのは、2006年のタックシン政権を倒したクーデタの時であった。クーデタの前に行なったプレームのスピーチでの発言「軍は競走馬、政府は騎手、しかし馬のオーナーではない」がクーデタを示唆していたと噂されたのである。タックシン自身もクーデタの背後にプレームがいると非難する発言を行なった。赤シャツのデモは、プレームの自宅まで行進することが定番化し、黄シャツのデモで叫ばれる打倒タックシンコールと共にプレームとタックシンは、赤と黄の打倒すべき象徴となっている。

❖ タイ人の政治的覚醒が深めた赤と黄の溝

　タイの選挙制度の在り方を巡り、反タックシン派、黄シャツサイドの大学学長などが、「タイの地方の人々は、生活に追われて善人を選ぶことを考えることができない」ことを根拠として、「タイにおいては、1人1票の原則は使えない」と発言している。またPAD幹部の学者は、「バンコクの30万票は上質な票であるが、地方の1500万票は低質で、バンコクの票は少ないがより優れている」と発言している。民主主義の政治のルールを巡る争いは、選挙制度論争から、バンコク都市部の地方に対する差別意識、偏見、優越意識の社会問題へと拡大しているのである。
　この差別的発言は、地方の農村で暮らす人々に向けられているものであるが、同時にこの発言は、タイの民族問題を浮かび上がらせる。タイの民族史は難解で手に負えないが、言語の差異からタイの国土を区分すると、シャム語の中部タイ、ユアン語の北部タイ、ラオ語の東北タイ、パック・ターイ語の南部タイの4つの地域に区分けできる。この4地域を赤と黄の支持率を重ねると赤シャツ支持が北部タイと東北タイ、黄シャツ支持が中部タイと南部タイとなり、言語の分布と赤と黄色の支持エリアが重なっていることがわかる。タイは、元々

多民族の地域であった土地に国家形成を行なってきたため、他の民族の同化政策の一環として標準タイ語による一言語主義が採用されてきた。したがって国家レベルでは、言語の相違だけで排他的な対応はしてこなかった歴史がある。しかし、個人レベルの意識は、どうなのだろうか。

　2010年8月私は、黄シャツの有力指導者に仕えていた女性と5月まで赤シャツが占拠していたルンピニ公園を散策する機会があった。彼女は赤シャツが調理場に使っていた公園入り口広場に私を案内してくれたのだが、その場所で調理されたイサーン（東北タイ）料理のひどい匂いにバンコク市民がどんなに迷惑を受けたことかを語った。そして、さらに、東北タイからバンコクに出てきてデモに参加する人々の食生活や習慣などを品がないと見下す発言までエスカレートした。その時、公園の管理責任者がその女性に挨拶するためにやってきた。2人で世間話をしているのかと思ったら、公園管理責任者は、現在の仕事が大変な割に収入が少ないとこぼし、次の職場の斡旋を頼んでいたのである。彼女は熱心にメモをとりながら「わかったから…」と返事をしていた。私は、まさに黄シャツの親分・子分関係を示す場面に立ち会ったのである。私を公園に案内した女性は、既に現職から離れて久しいにもかかわらず、いまだにバンコク都の人事に影響力を持っていることに驚かされるが、親分職に退職は関係ないのである。

❖イス取りゲーム化するタイの政治・社会

　2006年以降の赤シャツと黄シャツが主導してきた路上政治は、国の政治の本丸である国会で政権交代を仕掛け、成功させてきた。しかし、国会では、タックシン派、反タックシン派のどちらも、与党となると、自分たちの支持者向けの政策を実施することに専念し、野党との政治的妥協を探るような動きは見られなかった。タックシンを争点として、勝つか負けるか、2つに1つの闘いの場となったのである。

　この対立の構図は、戦略的には、反知性主義——自分に都合が良いように情報を操作し、アクションを強要すること——を生みだした。タイの政治がそのまま反知性主義の実践を見せる場となっているのが現状である。黄シャツ支持者にとっては、デモに参加していない農民を含めて、地方の農村に住んでいる人たちは、教育水準が低く、判断能力がない人々でなくてはならない。この前提に立って、黄シャツの指導者は、選挙を推薦制度に置き換えようとしている。

経済政策では「タイ貢献党」と「民主党」の間には大きな相違はない。路上政治の争点は、既に経済的な意味合いから社会構造問題に突入しているのである。

今回のクーデタは、単にイス取りゲームの最中に、イスに座っている人を強制的に立たせ、立っていた人を空いた椅子に座らせたにすぎない。果たして新しい階層グループは、都会で自分たちの椅子を見つけることができるのであろうか。同時に都市中間層グループは、新しい階層グループと共に座る椅子を見つけることができるのであろうか。タイの政治が椅子取りゲームから抜け出し、対話と共生へ方向転換する日が来るとすると、それにはどのようなキッカケが必要なのか。

「政治に目覚めた」タイの人々は今回のクーデタの持つ本当の意味を、日々の生活の中でこれまで以上に切実に考えるに違いない。はたしてその先には何があるのだろうか。

　翻訳と訳注作成にあたっては、『タイ事典』（日本タイ学会編、めこん）、『バンコク燃ゆ――タックシンと「タイ式」民主主義』（柴田直治、めこん）、隔月発行『タイ国情報』（日本タイ協会会報誌）を参考にさせていただいた。また、めこん編集部の面川ユカさんにはタイ語表記をチェックしていただいた。謝意を表したい。
　タイのインフォーマル経済については下記を参照されたい。
・遠藤環「タイのインフォーマル経済」『タイ国情報』2010年～2011年（日本タイ協会）。
・遠藤環『都市を生きる人々――バンコク・都市下層民のリスク対応』（京都大学学術出版会、2011年）

2014年8月　　　　　　　　　　　　　　　　　　　　　　　　　　　　　大野　浩

索引

1973年10月14日の学生クーデタ(血の日曜日)
　‥‥‥‥‥‥‥‥‥‥‥‥‥‥‥‥‥‥ 36, 69
1976年10月6日の大虐殺(血の水曜日)
　‥‥‥‥‥‥‥‥‥‥‥‥‥‥ 14, 24, 69, 82
1997年憲法 ‥‥‥‥‥‥‥‥‥‥‥‥‥ 28, 103
6月24日グループ ‥‥‥‥‥‥‥‥ 81, 87, 88, 114
ASTV ‥‥‥‥‥‥‥‥ 21, 94, 110, 111, 124, 131

❖ あ行

アーロム・ミーチャイ ‥‥‥‥‥‥‥‥‥‥‥ 20
青色(青シャツ)‥‥ 7, 48, 49, 50, 53, 54, 55, 81, 95, 105
アジア人権委員会 ‥‥‥‥‥‥‥‥‥‥‥ 11, 12
アセアン・サミット ‥‥‥‥‥‥‥ 46, 48, 52, 54
アヌポン・パオチンダー ‥‥‥‥‥ 7, 19, 105, 119
アピシット・ウェーチャーチーワ ‥ 7, 8, 9, 10, 11, 12, 17, 18, 19, 20, 21, 25, 31, 38, 40, 52, 53, 57, 64, 79, 81, 94, 95, 101, 103, 104, 113, 114, 115, 119, 120, 122, 130
アピラット・コンソムポーン ‥‥‥‥‥‥‥ 72, 73
アムマタヤーティッパタイ ‥‥‥‥‥‥‥ 35, 130
アムマート ‥‥‥‥‥‥‥‥‥‥‥‥‥‥‥ 38
アリスマン・ポンルアンローン ‥ 48, 50, 51, 57, 130
アルコーン・ロッドカントック ‥‥‥‥‥‥ 49, 50
インラック・チンナワット ‥‥‥‥ 99, 100, 101, 115
ウィーラ・ムシッカポン ‥ 21, 68, 72, 74, 101, 110, 130
ウィチャー・マハークン ‥‥‥‥‥‥‥‥‥ 117
ウィチャイ・ウィウィットセーウィー ‥‥‥‥ 117
ウィッタヤー・ケーオパラーダイ ‥‥‥‥‥‥ 96
ウィパーワディー・ソイ 3 ‥‥‥‥‥‥ 38, 94, 127
ウィプータレーン・パッタナプームタイ ‥‥‥‥ 39
ウエーン・トーチラーカーン
　‥‥‥‥‥‥‥‥‥ 21, 39, 73, 74, 75, 101, 131
ウェルナー・マウス ‥‥‥‥‥‥‥‥‥‥‥‥ 9
ウォラチャイ・ヘマ ‥‥‥‥‥‥‥‥‥‥‥ 49
ウドンターニー ‥‥‥‥‥‥‥‥ 28, 39, 127, 128
ウドンラバーズ ‥‥‥‥‥‥ 29, 39, 43, 114, 127, 128
ウボンラーチャターニー ‥‥‥‥‥‥‥‥‥ 130
生まれたこの地を愛するグループ ‥‥‥‥ 39, 40
王室 ‥‥‥‥‥‥‥ 7, 10, 12, 13, 14, 92, 97, 110, 137
王室護衛隊 ‥‥‥‥‥‥‥‥‥‥‥‥‥‥ 62, 73
王制 ‥‥‥‥‥‥‥‥‥‥ 10, 14, 21, 45, 113, 137
親分・子分関係 ‥‥‥‥‥‥‥ 20, 23, 120, 130, 133

❖ か行

戒厳令 ‥‥‥‥‥‥‥‥‥‥‥‥‥‥‥‥ 95
カシット・ピロム ‥‥‥‥‥‥ 18, 19, 27, 95, 121, 122
カッティヤ・サワディッポン ‥‥‥‥‥ 80, 127, 131
空港占拠 ‥‥‥‥‥‥‥‥‥ 17, 18, 19, 30, 95, 119
クーデタ ‥ 7, 8, 9, 10, 11, 14, 17, 19, 21, 22, 23, 24, 28, 35, 69, 73, 92, 103, 121, 126, 130, 135
クルゼモスク事件 ‥‥‥‥‥‥‥‥‥‥‥‥ 12

クワンチャイ・プライパナー
　‥‥‥‥‥‥‥‥‥‥ 29, 39, 43, 114, 128, 129, 130
コーン・チャーティカワニット ‥‥‥‥‥‥‥ 96
国王 ‥‥‥‥‥‥‥‥ 14, 36, 40, 103, 104, 106, 111
国際民主連盟 ‥‥‥‥‥‥‥‥‥‥‥‥‥‥‥ 9
国内治安維持作戦司令部(ISOC)
　‥‥‥‥‥‥‥‥‥‥‥ 11, 12, 75, 85, 89, 115
国内治安法(ISA) ‥‥‥‥‥‥‥ 95, 115, 121, 122
国民の力党 ‥‥‥‥‥‥ 7, 12, 17, 18, 25, 119, 122, 133
国家威信党 ‥‥‥‥‥‥‥‥‥‥‥‥‥‥‥ 17
国家汚職防止委員会(NACC) ‥‥‥‥ 117, 118, 119
国家貢献党 ‥‥‥‥‥‥‥‥‥‥‥‥‥‥‥ 17
国家人権委員会(NHRC) ‥‥‥‥‥‥‥‥‥ 11
国境警備警察(BPP) ‥‥‥ 48, 49, 69, 118, 122, 124
コンピュータ犯罪法 ‥‥‥‥‥‥‥‥‥‥ 115

❖ さ行

ザ・ネーション ‥‥‥‥‥‥‥‥‥‥ 54, 75, 95
サーティット・ウォンノントゥーイ ‥‥ 11, 89, 103, 104
サード・ポジショニズム ‥‥‥‥‥‥‥ 133, 134
サーロート・プーアクサムリー ‥‥‥‥‥‥ 80
サイバー犯罪法 ‥‥‥‥‥‥‥‥‥‥‥ 10, 23
サクディナー ‥‥‥‥‥‥‥‥‥‥‥‥ 133, 134
サマック・スントラウェート ‥‥‥‥ 12, 23, 121
サンティ・アソーク ‥‥‥‥‥‥‥‥ 25, 123, 124
シーウィチャイの戦士 ‥‥‥‥‥‥‥‥‥‥ 92
シーサケート ‥‥‥‥‥‥‥‥‥‥‥‥ 94, 121
社会自由主義 ‥‥‥‥‥‥‥‥‥‥‥‥‥ 134
女王護衛隊 ‥‥‥‥‥‥‥‥‥‥‥‥‥‥ 8, 59
ジョナサン・ヘッド ‥‥‥‥‥‥‥‥ 23, 24, 61
シリキット王妃 ‥‥‥‥‥‥‥‥‥‥‥‥‥ 106
シリントーン王女 ‥‥‥‥‥‥‥‥‥‥‥‥ 109
白色(白シャツ) ‥‥‥‥‥‥‥‥‥‥‥‥‥ 8, 89
新政治党 ‥‥‥‥‥‥‥‥‥‥‥‥‥ 8, 91, 92, 93
スクムパン・ボリパット ‥‥‥‥‥‥‥‥‥ 97
スチャート・ムアンケーオ ‥‥‥‥‥‥ 117, 119
スチンダー・クラープラユーン ‥‥‥‥‥‥ 8, 73
スッパマート・イッサラパクディー ‥‥‥‥ 106
ステープ・トゥアクスバン
　‥‥‥‥‥‥ 8, 9, 25, 53, 54, 94, 95, 101, 119, 120
スポーン・アットウォーン ‥‥‥‥‥‥‥‥ 130
スラータニー ‥‥‥‥‥‥‥‥‥‥‥‥‥‥ 101
スラチャイ・ダーンワッタナーヌサン ‥‥‥‥ 81
スラユット・チュラーノン ‥‥‥‥‥‥ 23, 95
正義防衛隊 ‥‥‥‥‥‥‥‥‥‥‥‥‥‥ 21
戦勝記念塔 ‥‥‥‥‥‥‥‥ 43, 44, 45, 61, 63, 64
ソーン・マートラターン(ダブルスタンダード) ‥ 78
ソムキアット・ポンパイブーン ‥‥‥‥‥ 19, 125
ソムサック・コーサイスク ‥‥‥‥‥‥‥ 93, 134
ソムチャーイ・ウォンサワット ‥‥ 37, 92, 98, 117, 119
ソムヨット・プルックサカセームスック ‥‥‥‥ 88
ソンクラーン暴動 ‥ 8, 10, 19, 23, 87, 89, 90, 116, 127, 130, 131, 132, 137
ソンティ・リムトーンクン ‥ 8, 9, 21, 29, 83, 84, 92, 93, 119, 120, 121, 124, 135, 137

た行

タークシン王の戦士 80, 131
ターニン・クライウィチエン 14, 24
ターンプーイン・ウィラヤー・チャウクン 84
タイ・ラット 95
第21歩兵部隊 8
タイ愛国党 7, 20, 69, 130, 133, 135
タイ-アセアン・ニュースネットワーク(TAN) 21
タイ共産党 131
タイ貢献党 25, 29, 93, 94, 100, 101, 114, 115, 116, 117, 127, 130, 133
タイ国外国人記者クラブ(FCCT) 13, 17, 19, 23, 24, 96, 118
タイ国民党 17, 25
タイ国民発展党 17, 25, 94
タイ名誉党 7, 18, 25, 93, 105, 106, 119
タクバイ事件 12
タッカテーン・チョンラダー 101
タックシン・チンナワット 7, 8, 9, 10, 11, 12, 15, 17, 19, 20, 21, 25, 34, 35, 36, 39, 40, 55, 64, 75, 85, 88, 92, 93, 94, 97, 98, 99, 100, 101, 103, 104, 109, 113, 114, 115, 117, 119, 121, 125, 127, 128, 130, 132, 134, 135, 137
タノーム・キッティカチョーン 36, 69
タムマサート大学 14, 69, 91, 124
ダルニー・チョートプラシットサクン 23
足るを知る経済 19
団結国家開発党 17
チーラヌット・プレームチャイポーン 10, 11
チェンマイ 21, 25, 29, 30, 96, 111, 131
チッタナート・リムトーンクン 92
血のソンクラーン→ソンクラーン暴動
チャートゥロン・チャーイセーン 68, 69
チャートシリ・ソーポンパニット 89
チャイ・ウンパーコーン 22
チャカラポップ・ペンケー 22, 23, 24, 38, 46, 81, 82
チャチャワーン・チャートスッティチャイ 29, 124
チャトゥポン・プロムパン 81, 95, 114
チャムローン・シームアン 25, 123, 124, 134
チャラン・ディットーターピチャイ 81, 82
チャワラット・チャーンウィラクン 104
チャワリット・ヨンチャイユット 117, 127
チュアン・リークパイ 117
中道主義党 18, 25
チュムサック・ピントーン 104
チュムポーン・マンマーイ 119
ティダー・ターウォンセート 131
デーン・サイアム 7, 81
デーン・タン・ペーンディン 81, 82

な行

ナタウッド・サイグゥア 19, 27, 41, 74
ニティポン・ラムルア 80
ニポン・プロムパン 57, 58, 119

ヌワムトーン・プライワン 21
ネーウィン・チットチョープ 7, 17, 18, 40, 49, 53, 54, 64, 93, 94, 95, 109, 124, 126
ノッパドン・パッタマ 122

は行

パチャラワート・ウォンスワン 9, 116, 117, 119
パニターン・ワタナーヤーコーン 114
バンコク・ポスト 88, 95
ピーラパン・サーリーラッタウィパーク 21
非常事態宣言 53, 57, 77, 84, 87, 95, 113
ファー・ディアオ・カン 10
ブーラパー・パヤック 7
不敬罪 10, 13, 14, 21, 22, 23, 38, 103
プラウィット・ウォンスワン 7, 119
プラウィット・ローチャナプルック 75
プラチャータイ 10, 79, 104
プラティープ・ウンソンタム・秦 21, 66
プラティープ・タンプラスート 9, 119, 120
ブラナット・サムッタラック 115
プラユット・チャンオーチャー 7, 8
ブリーラム 49, 95, 104, 109
プレアビヒア 18, 121, 122, 123, 124
プレーム・ティンスーラーノン 7, 9, 19, 35, 36, 38, 39, 40, 41, 43, 55, 58, 104, 114, 137
フン・セン 18, 122
ボウォンサック・ウワンノー 89, 104
暴虐の5月 8
ポール・M・ハンドリー 13
ポンティップ・ローチャナスナン 118
ポンテープ・テープカンチャナー 88

ま行

マティチョン 11, 95
マナット・コンペン 12
緑色 8
民主党 7, 8, 10, 17, 18, 19, 20, 24, 35, 43, 67, 80, 81, 96, 101, 114, 115, 117, 119, 126, 130, 133
ムアット・チアップ 75
メーティー・クロンケーオ 118

や行

ヤオワパー・ウォンサワット 98, 99, 100, 101
ユルゲン・コッペリン 10

ら行

ラーマ9世→国王
ラクサナー・コンシラパ 23, 24
ラックチェンマイ51 30
レンジャー 127
ロイヤルクリフビーチリゾート 48, 50, 51, 53
ローイエット 29
ロヒンギャ 11, 12
ワサン・シティケート 92
ワット・ワンラヤーンクーン 11

❖訳者略歴
大野 浩（おおの ひろし）
1956年東京生まれ。1979年、慶応義塾大学経済学部卒、太陽神戸銀行入行。シンガポール支店、ロンドン支店勤務を経て、1998〜2001年、タイさくら金融証券会社、タイさくら金融会社勤務。2007〜2010年、財団法人日本タイ協会事務局長、常務理事。2011年、三明化成株式会社取締役。
日本タイ協会機関誌『タイ国情報』の執筆・企画・編集、『現代タイ動向2006―2008』（2008年、めこん）編集、日本タイ学会編『タイ事典』（2009年、めこん）出版協力。
訳書『赤vs黄――タイのアイデンティティ・クライシス』（2012年、めこん）。

赤vs黄 第2部
政治に目覚めたタイ

初版第1刷発行　2014年10月20日
定価：2500円＋税

著　者　ニック・ノスティック
訳　者　大野 浩
発行者　桑原 晨
発行所　株式会社めこん
　　　　〒113-0033 東京都文京区本郷3-7-1
電　話　03-3815-1688　FAX 03-3815-1810
URL　http://www.mekong-publishing.com

ブックデザイン　装釘室（臼井新太郎＋佐野路子）
印刷・製本　太平印刷社

ISBN978-4-8396-0282-6 C0030 ¥2500E
0030-1406282-8347

JPCA 日本出版著作権協会 http://www.e-jpca.com/
本書は日本出版著作権協会（JPCA）が委託管理する著作物です。
複写（コピー）・複製、その他著作物の利用については、
事前に日本出版著作権協会（電話 03-3812-9424, e-mail:info@e-jpca.com）の
許諾を得てください。